Anne Terzibaschitsch

Tastenträume

Kinderlieder

für Klavier

leicht bis mittelschwer gesetzt

zwei- und vierhändig

Impressum

VHR 3534 / ISMN 979-0-2013-0065-8 / ISBN 978-3-920470-26-9

Notensatz:
Regina Krauß, Speyer

Umschlaggestaltung:
Rauchbauer & Partner Werbeagentur GmbH,
Gaimersheim

www.holzschuh-verlag.de

Inhalt

Die mit * gekennzeichneten Lieder (ab Seite 48) sind vierhändig gesetzt.

Alle meine Entchen

aus dem Nassauischen

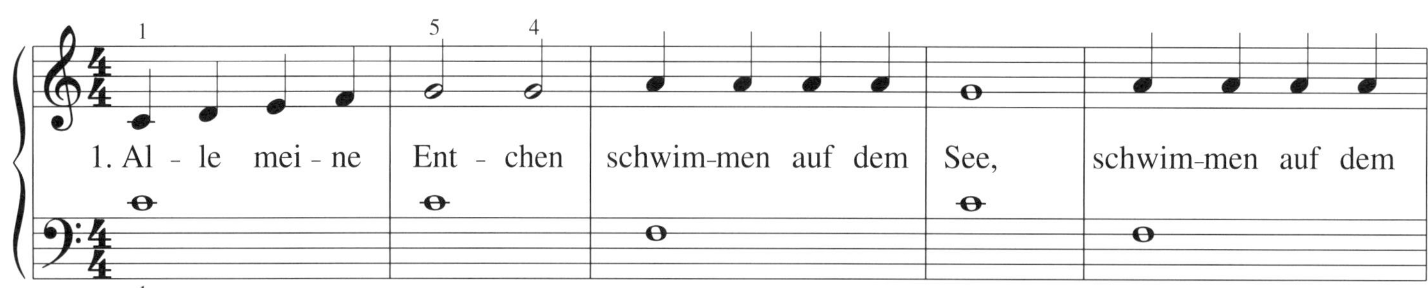

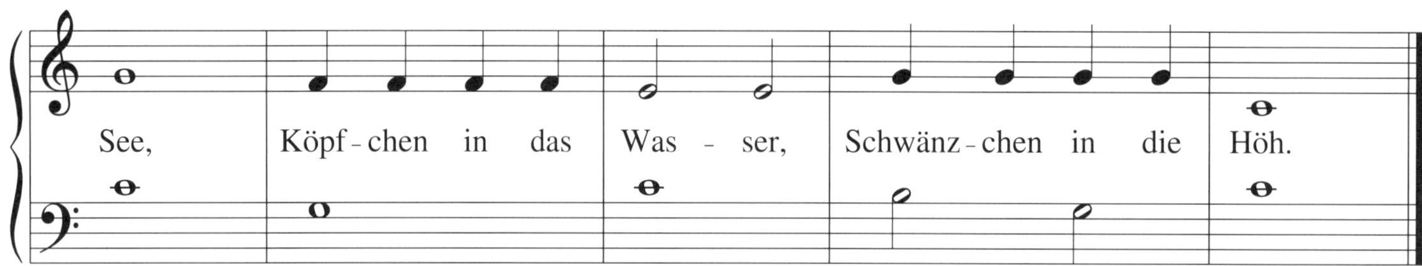

2. Alle meine Täubchen
gurren auf dem Dach,
gurren auf dem Dach,
fliegt eins in die Lüfte,
fliegen alle nach.

3. Alle meine Hühner
scharren in dem Stroh,
scharren in dem Stroh,
finden sie ein Körnchen,
sind sie alle froh.

4. Alle meine Gänschen
watscheln durch den Grund,
watscheln durch den Grund,
suchen in dem Tümpel,
werden kugelrund.

Hopp, hopp, hopp, Pferdchen, lauf Galopp!

Text: Carl Hahn
Melodie: Carl Gottlieb Hering

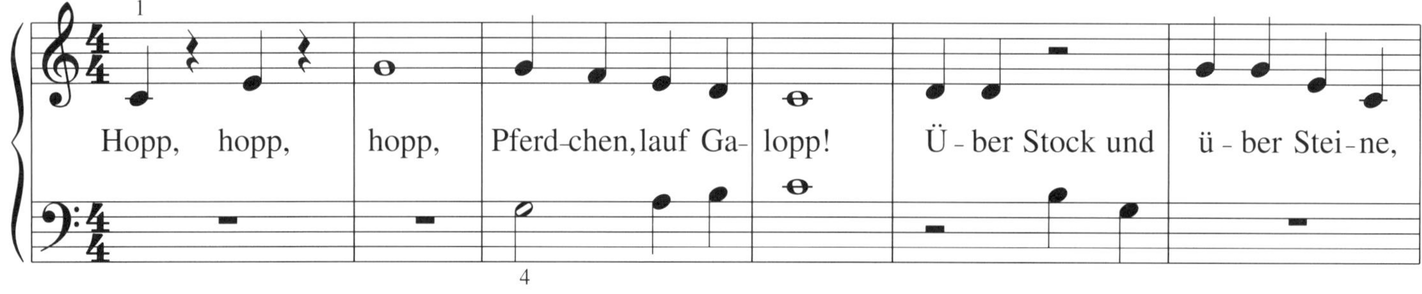

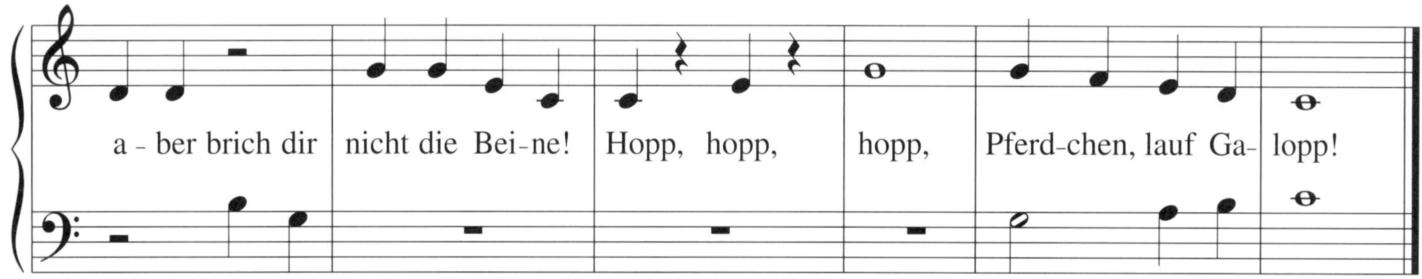

Kuckuck, Kuckuck

Text: Hoffmann von Fallersleben

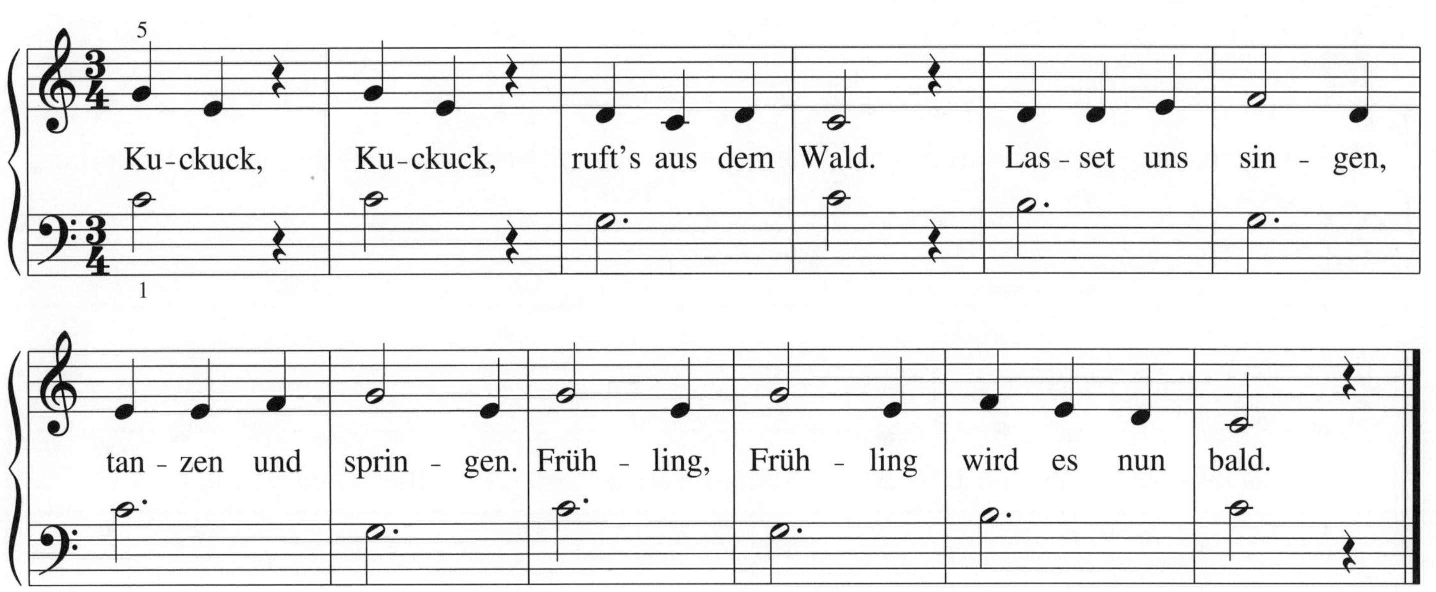

Hänsel und Gretel

aus dem 19. Jahrhundert

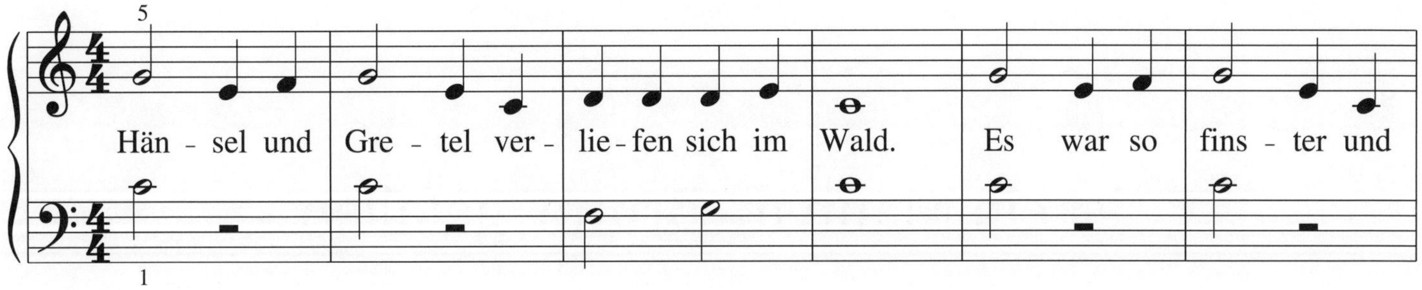

5

Hän - sel und Gre - tel ver - lie - fen sich im Wald. Es war so fins - ter und

1

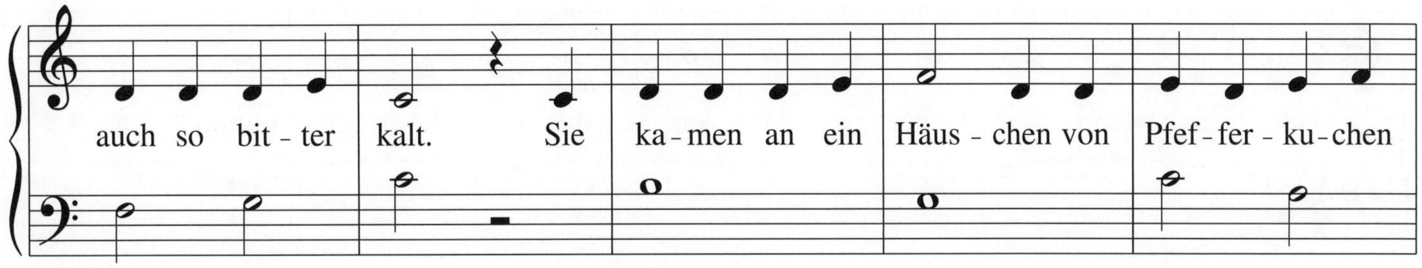

auch so bit - ter kalt. Sie ka - men an ein Häus - chen von Pfef - fer - ku - chen

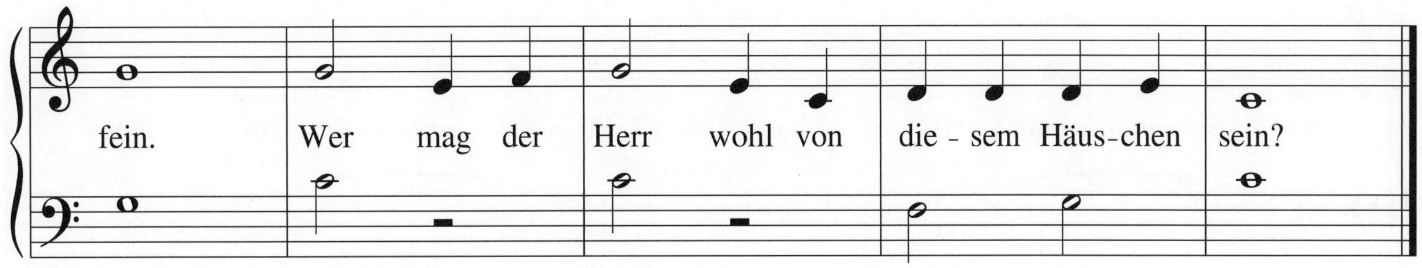

fein. Wer mag der Herr wohl von die - sem Häus - chen sein?

Summm, summ, summ

Text: Hoffmann von Fallersleben

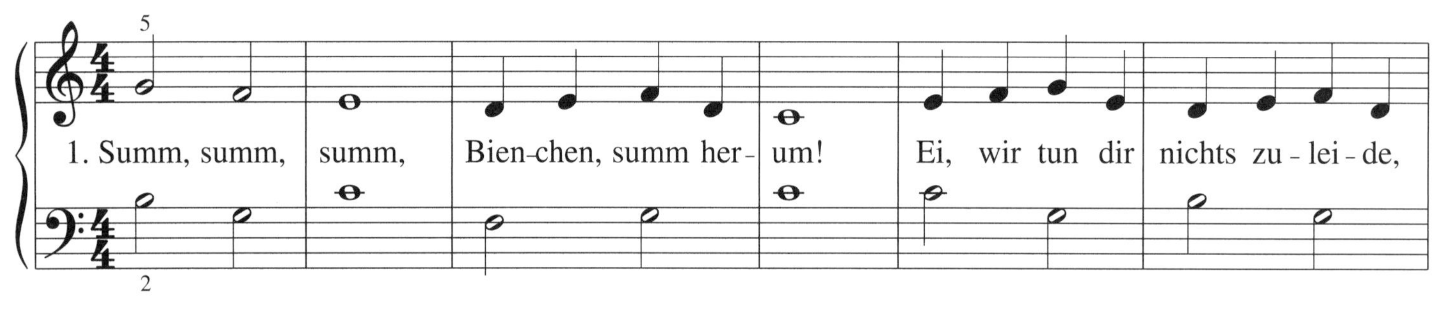

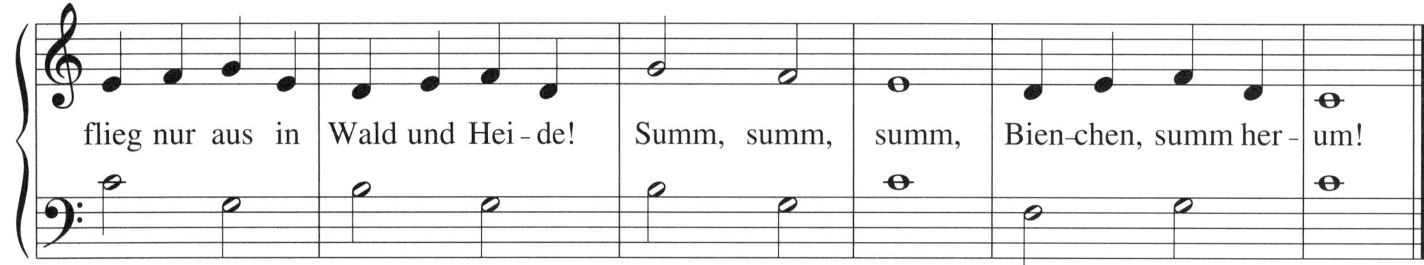

2. Summ, summ, summ, Bienchen, summ herum!
Such in Blumen, such in Blümchen
dir ein Tröpfchen, dir ein Krümchen!
Summ, summ, summ, Bienchen, summ herum!

3. Summ, summ, summ, Bienchen, summ herum!
Kehre heim mit reicher Habe,
bau uns manche volle Wabe!
Summ, summ, summ, Bienchen, summ herum!

Ist ein Mann in' Brunn' gefallen

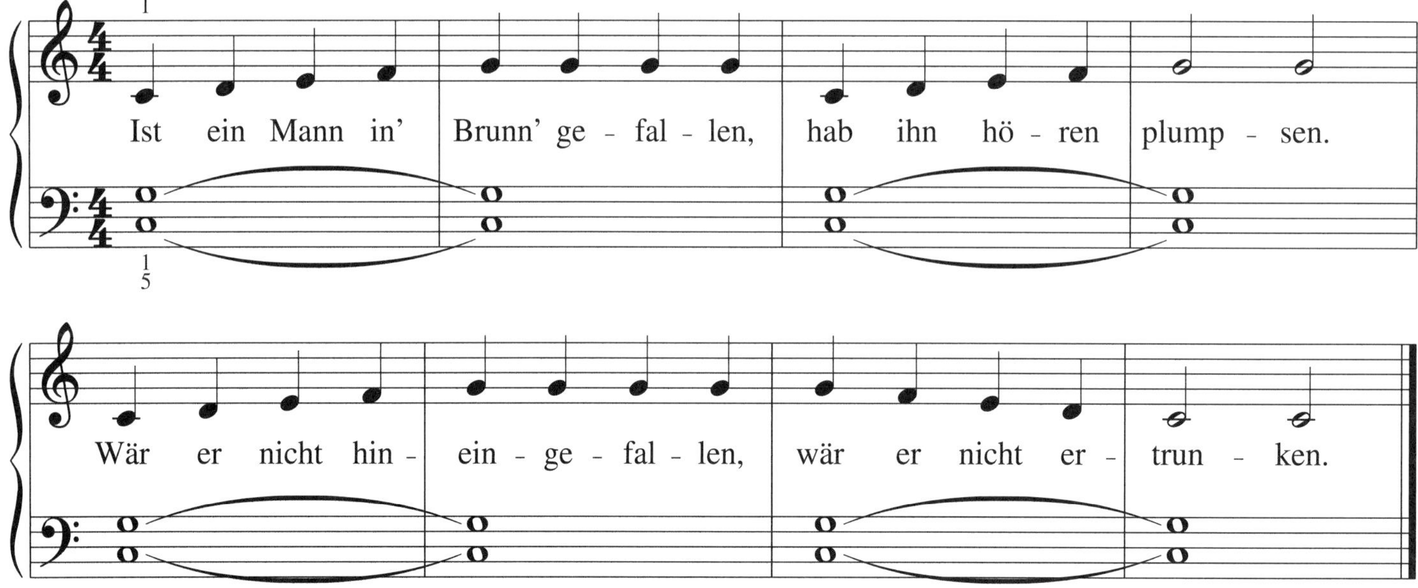

Laterne, Laterne

aus Norddeutschland

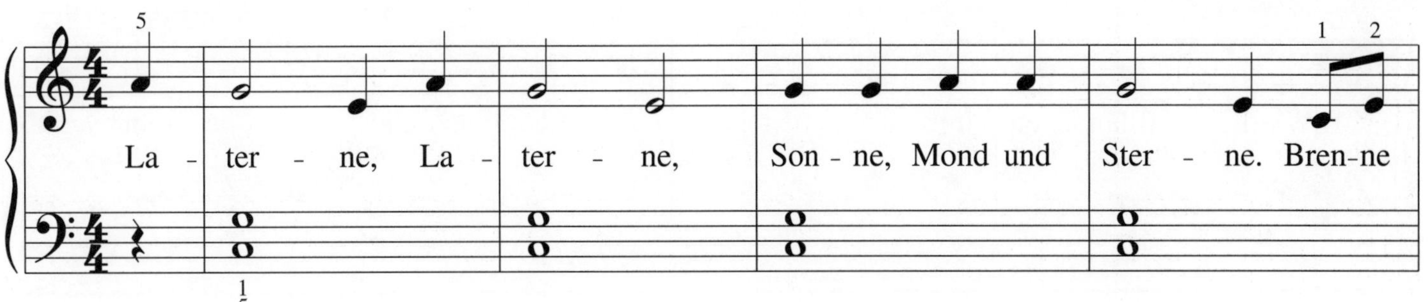

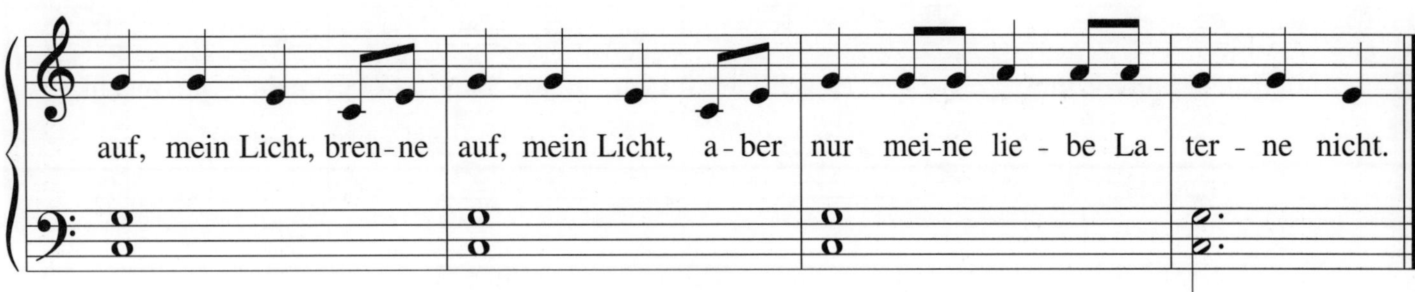

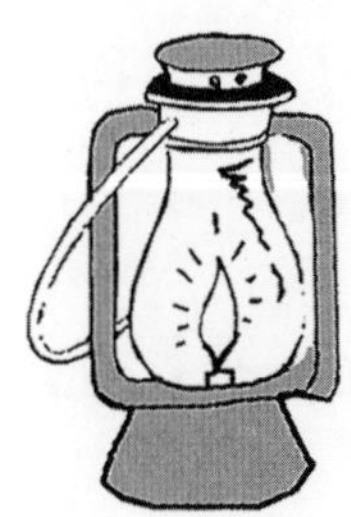

Ringel, Ringel, Reihe

Volksweise

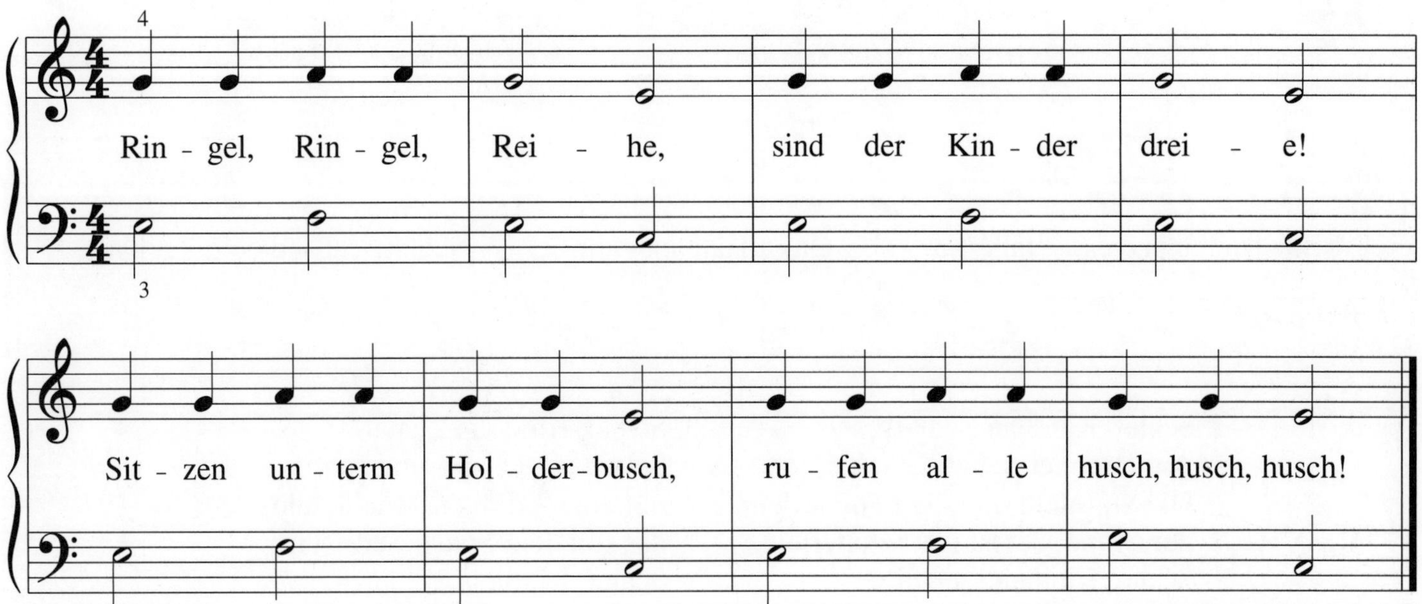

Ward ein Blümchen mir geschenket

Text: Hoffmann von Fallersleben

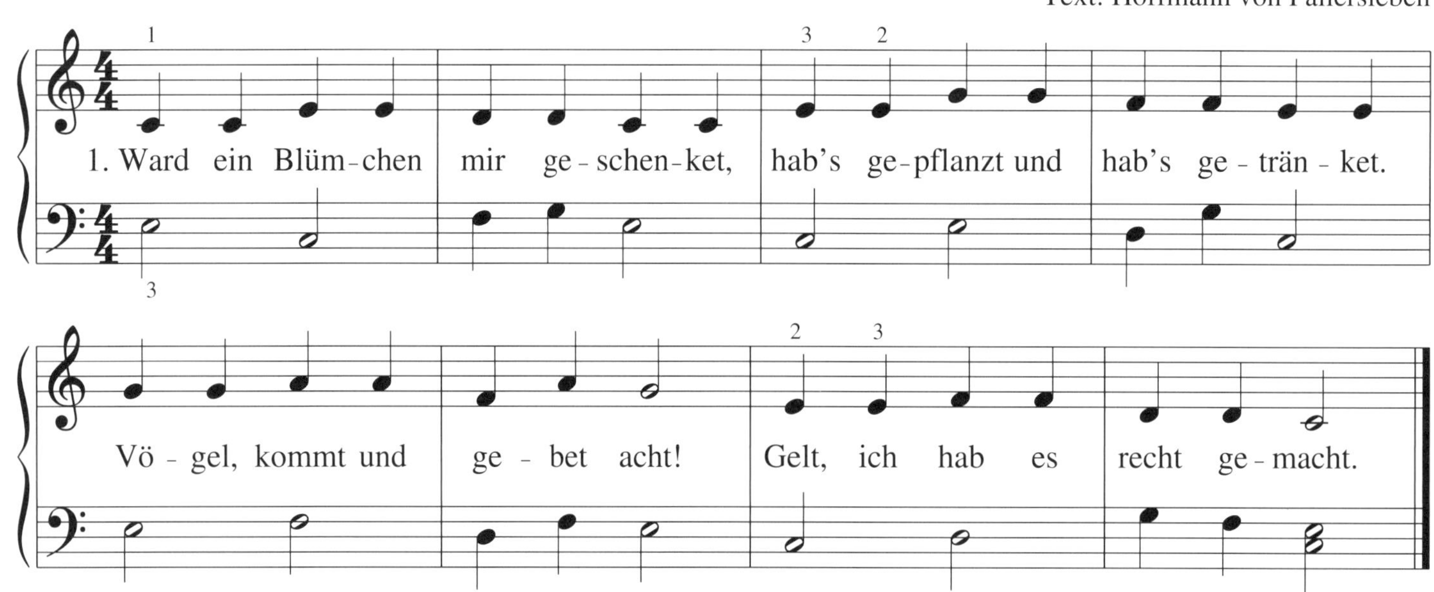

2. Sonne, lass mein Blümchen sprießen.
Wolke, komm, es zu begießen!
Richt empor dein Angesicht,
liebes Blümchen, fürcht' dich nicht!

3. Und ich kann es kaum erwarten.
Täglich geh ich in den Garten,
täglich frag ich: „Blümchen, sprich,
Blümchen, bist du bös' auf mich?"

Schlaf, Kindlein, schlaf

Text: Joachim Heinrich Campe
Melodie: Johann Friedrich Reichardt

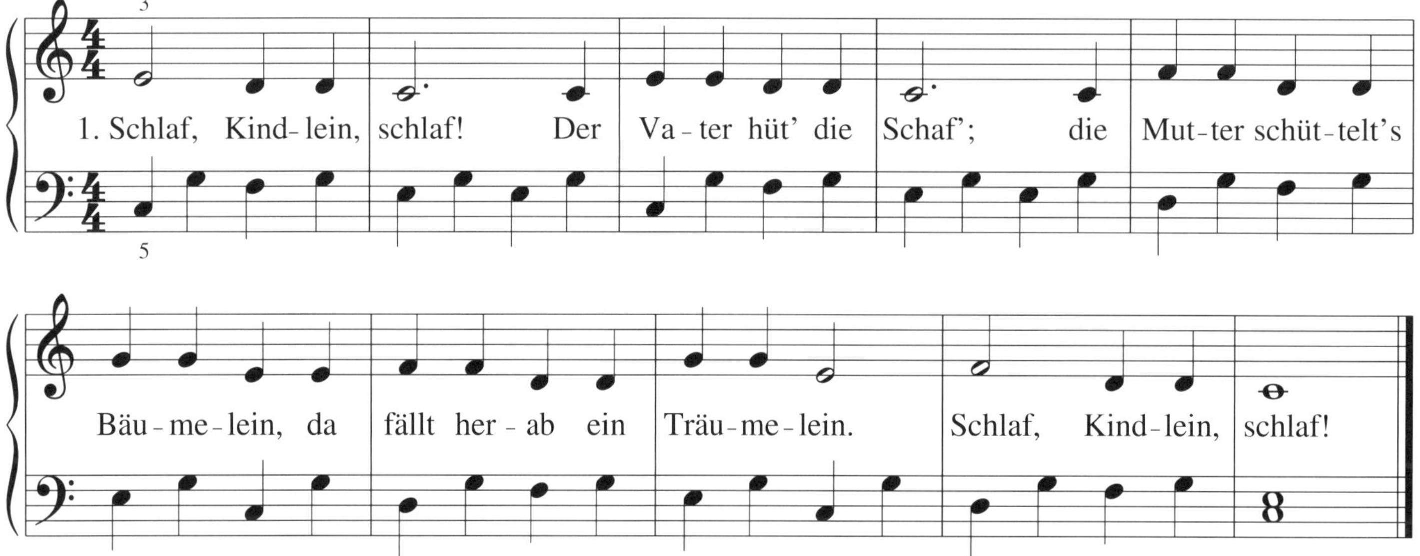

2. Schlaf, Kindlein, schlaf!
Am Himmel ziehn die Schaf':
Die Sternlein sind die Lämmerlein,
der Mond, der ist das Schäferlein.
Schlaf, Kindlein, schlaf!

3. Schlaf, Kindlein, schlaf!
So schenk ich dir ein Schaf
mit einer goldnen Schelle fein,
das soll dein Spielgeselle sein.
Schlaf, Kindlein, schlaf!

Kindlein mein, schlafe ein

Volksweise

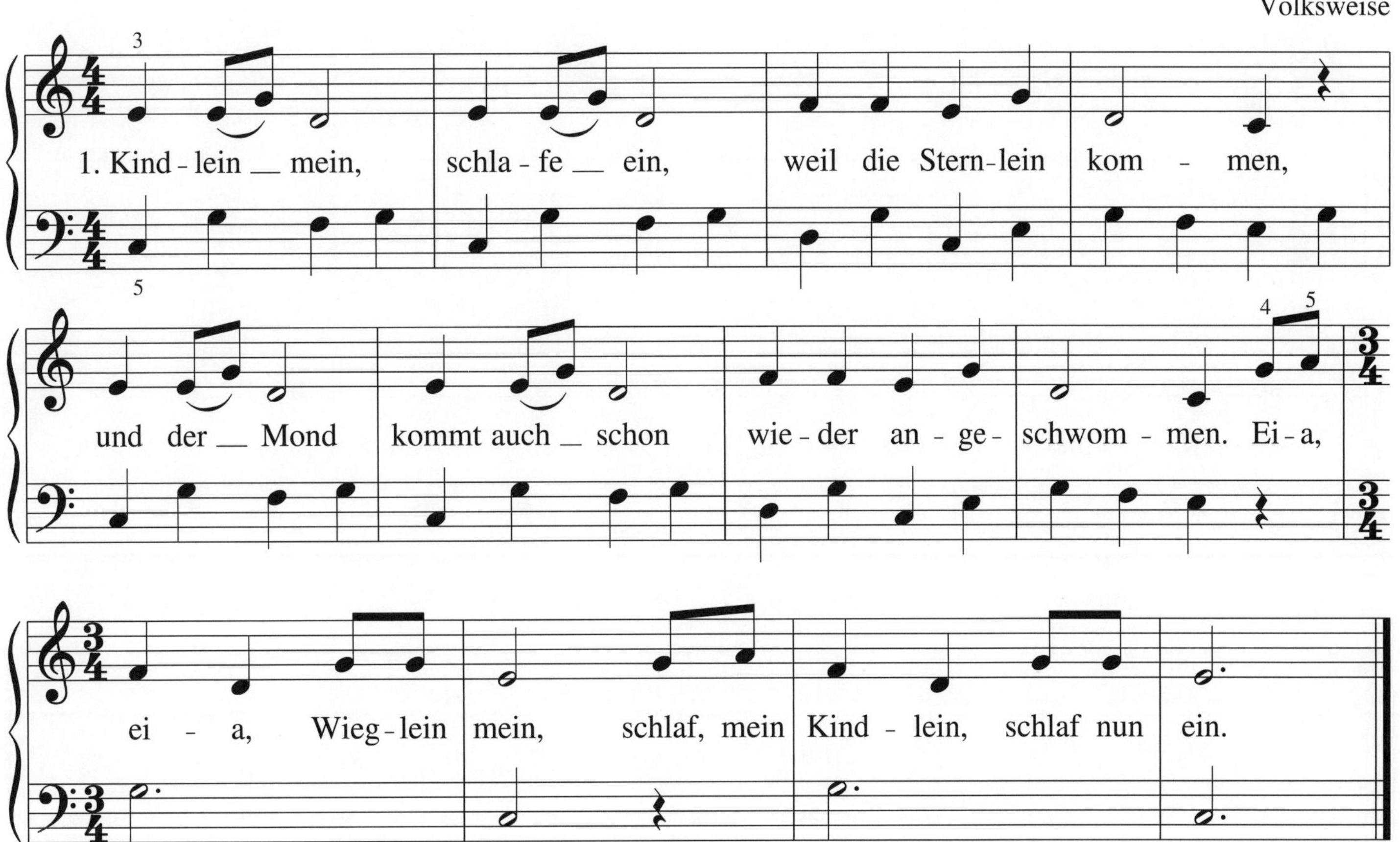

2. Kindlein mein, schlaf nun ein, Vöglein fliegt vom Baume,
fliegt geschwind zu mei'm Kind, singt ihm vor im Traume.
Eia, eia, Wieglein mein, schlaf, mein Kindlein, schlaf nun ein.

Die Tiroler sind lustig

aus Österreich

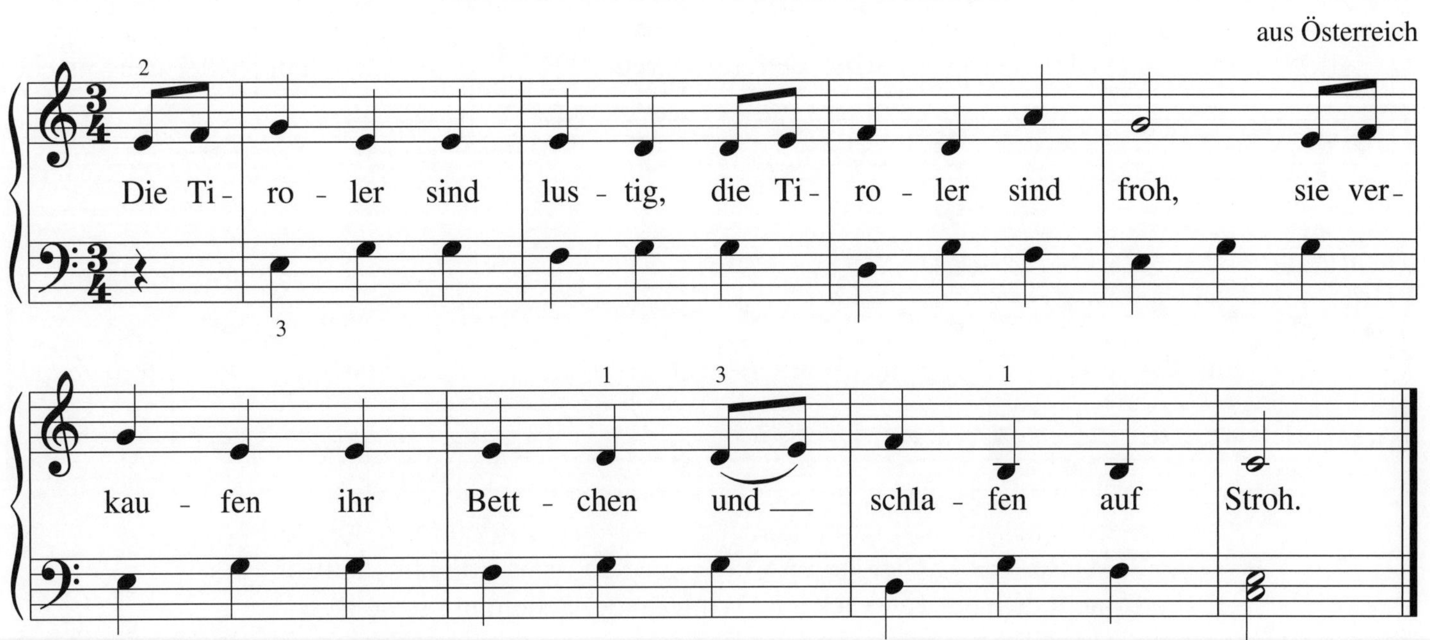

Sitzt ein klein's Vöglein im Tannenbaum

Sitzt ein klein's Vög - lein im Tan - nen - baum, tut nichts als sin - gen und schrein. Was mag denn das für ein Vög - lein sein? Das muss die Nach - ti - gall sein.

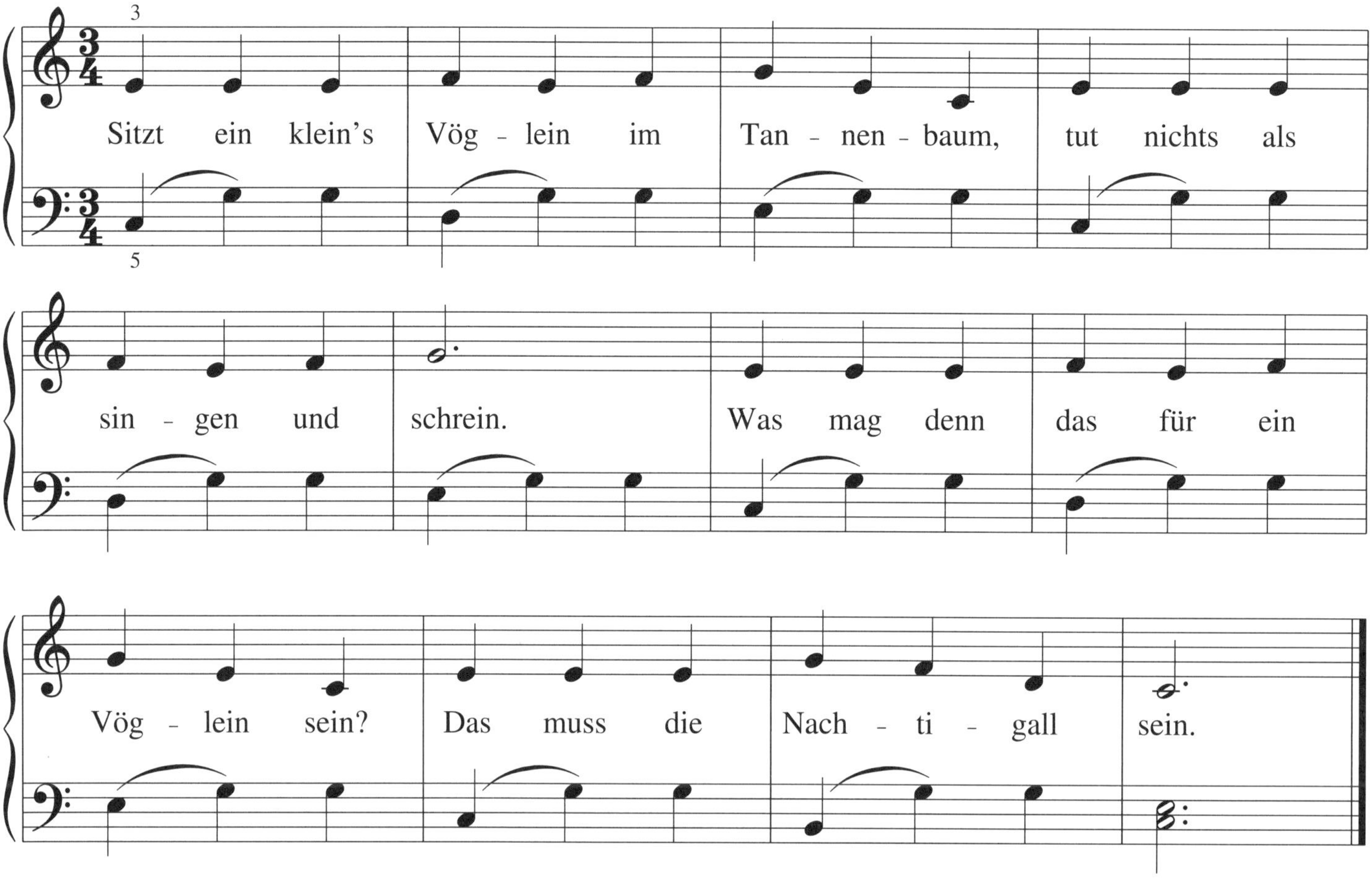

Winter, ade!

Text: Hoffmann von Fallersleben

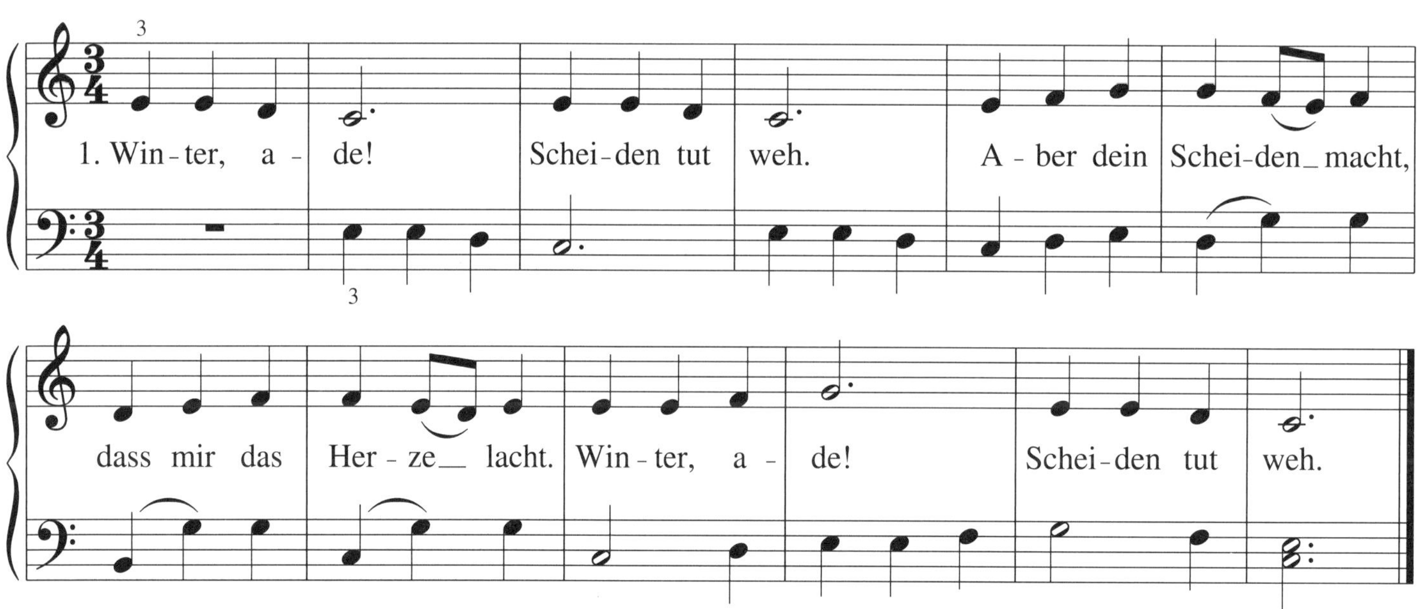

2. Winter, ade! Scheiden tut weh. Gehst du nicht bald nach Haus,
lacht dich der Kuckuck aus. Winter, ade! Scheiden tut weh.

Ein Vogel wollte Hochzeit machen

Volksweise

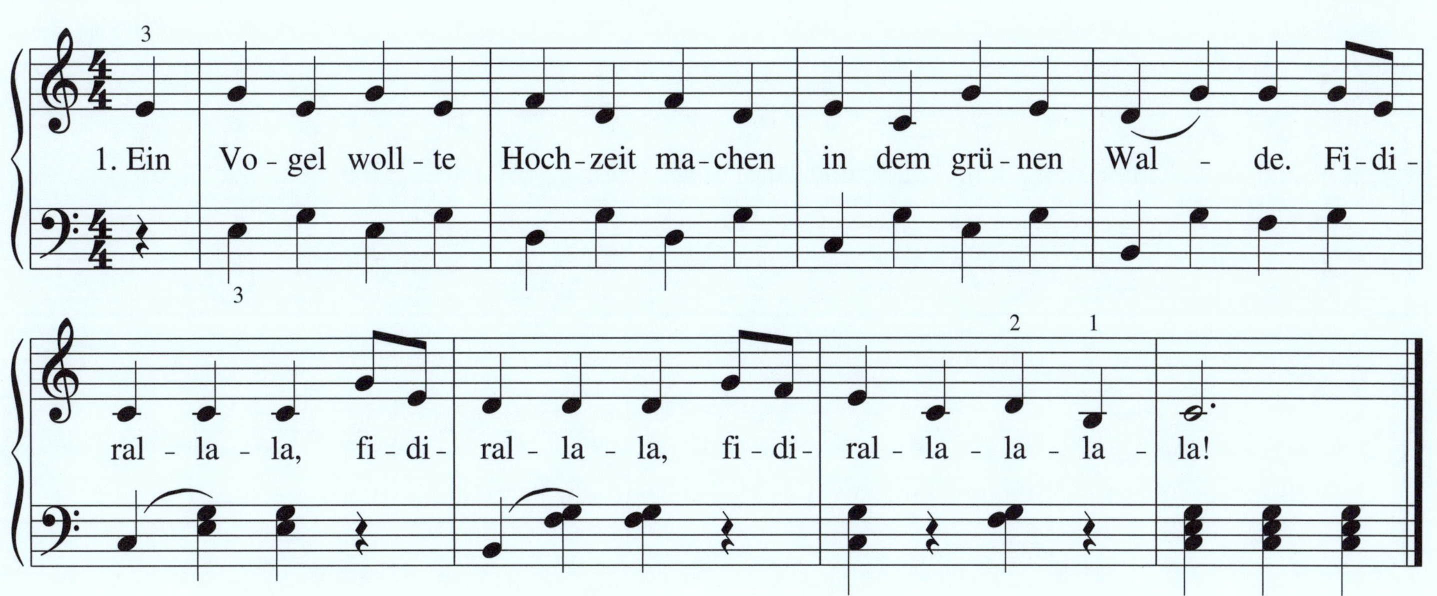

2. Der Stieglitz war der Bräutigam,
er singt zu Gottes Gloriam.
Fidirallala, fidirallala, fidirallalalala!

3. Die Amsel war die Braute,
trug einen Kranz von Raute.
Fidirallala, fidirallala, fidirallalalala!

Wer hat die schönsten Schäfchen?

Text: Hoffmann von Fallersleben
Melodie: Johann Friedrich Reichhardt

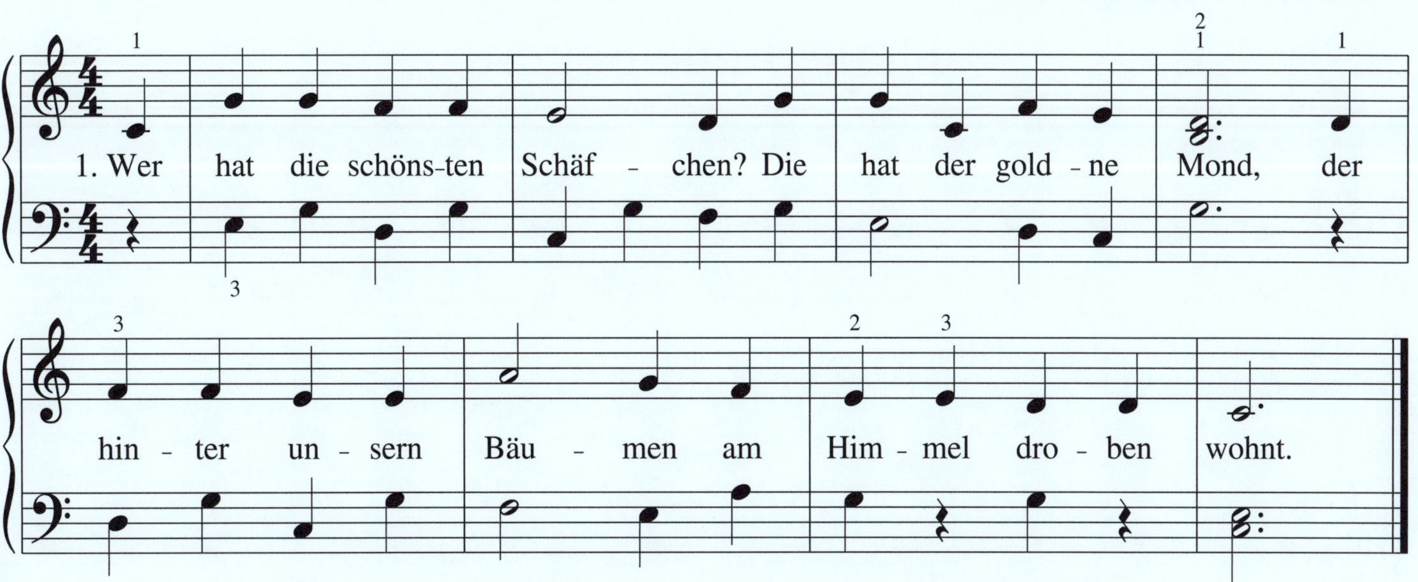

2. Er kommt am späten Abend,
wenn alles schlafen will,
hervor aus seinem Hause
zum Himmel leis und still.

3. Dann weidet er die Schäfchen
auf seiner blauen Flur;
denn all die weißen Sterne
sind seine Schäfchen nur.

Wenn ich ein Vöglein wär

Volksweise

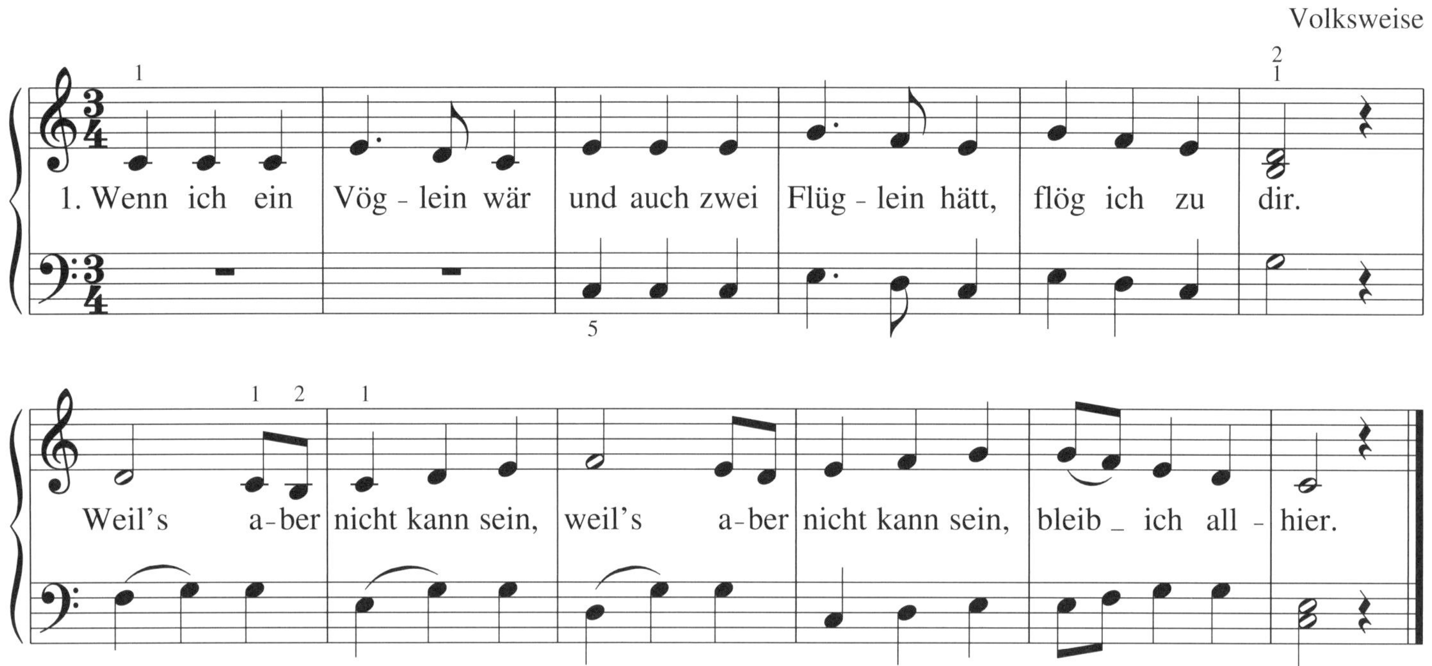

2. Bin ich gleich weit von dir,
bin doch im Schlaf bei dir
und red mit dir.
Wenn ich erwachen tu,
wenn ich erwachen tu,
bin ich allein.

3. Es gibt kein' Stund' zur Nacht,
da nicht mein Herz erwacht
und an dich denkt,
dass du mir tausendmal,
dass du mir tausendmal
dein Herz geschenkt.

Heile, heile Segen!

Volksweise

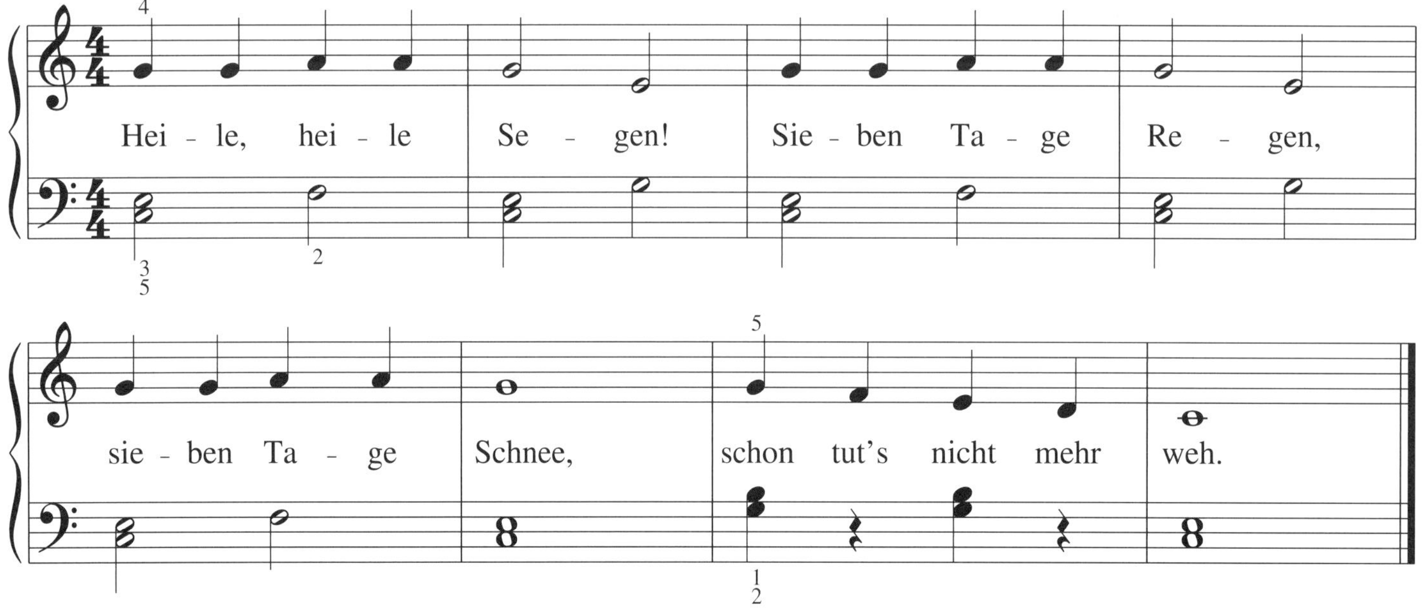

Es regnet, es regnet

Worte und Weise:
nach alten Regenliedern

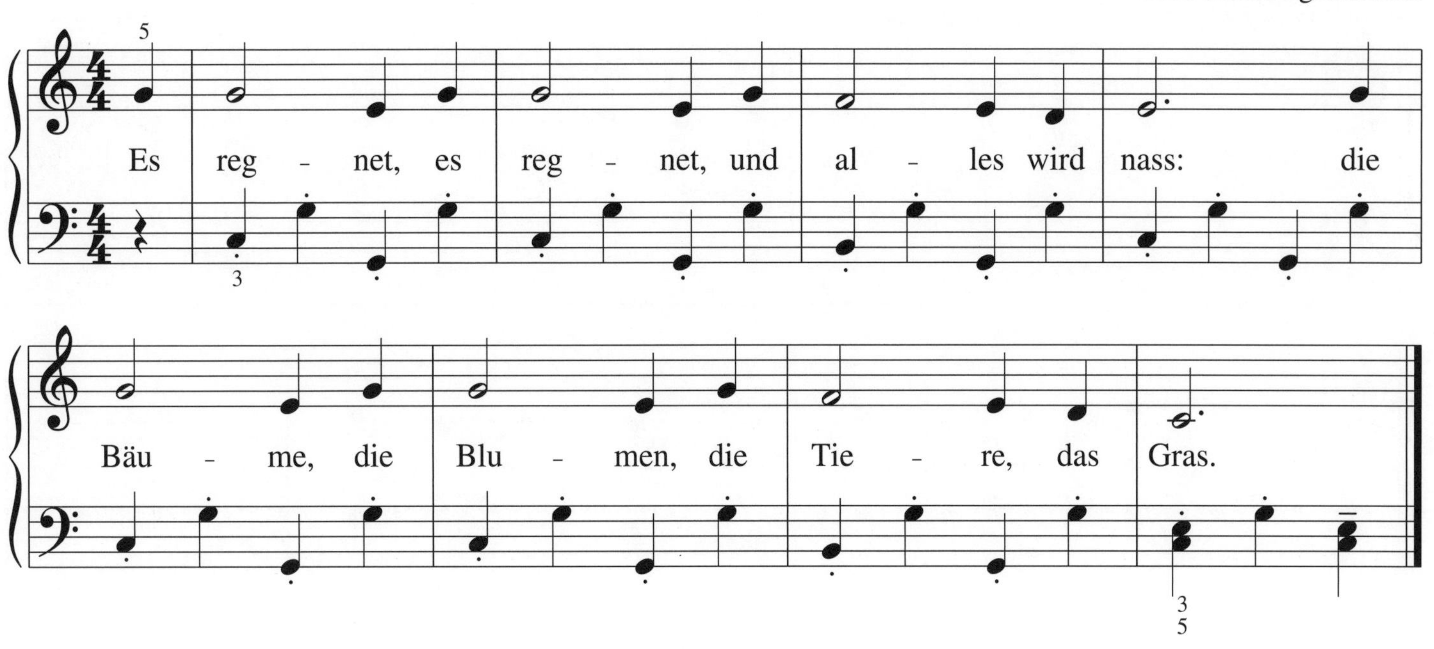

Dornröschen war ein schönes Kind

Text und Melodie:
Ende 19. Jahrhundert

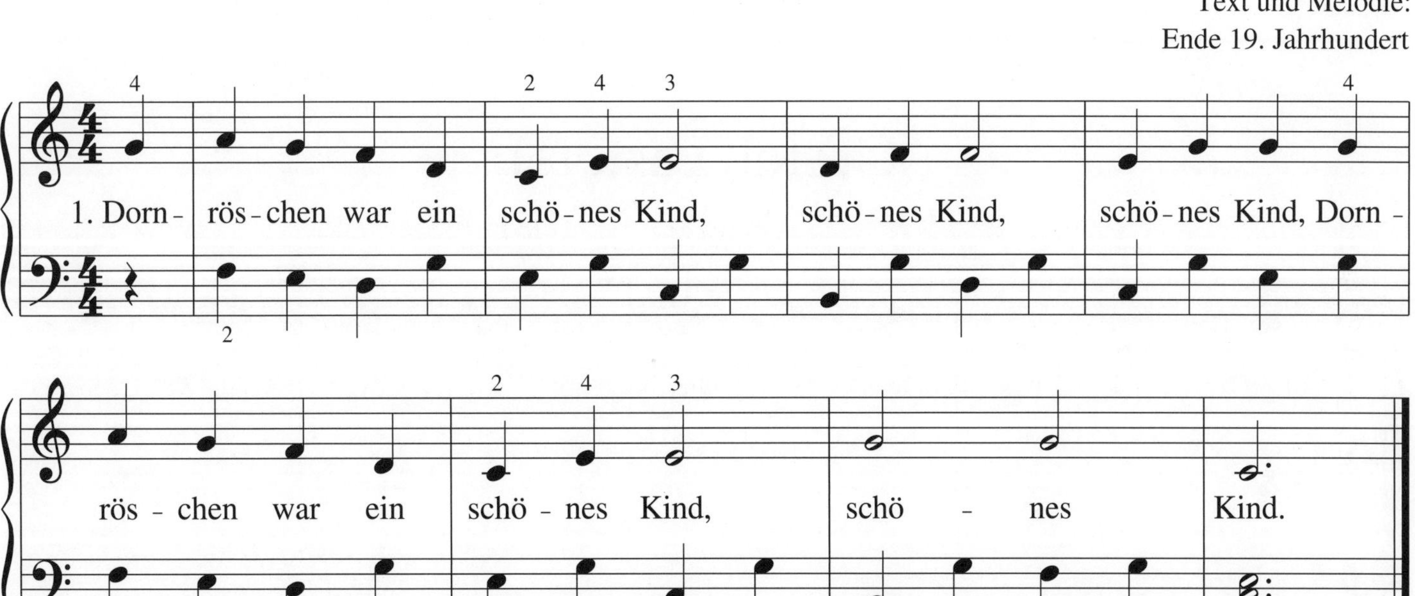

2. Dornröschen, nimm dich ja in Acht,
ja in Acht, ja in Acht,
Dornröschen, nimm dich ja in Acht, ja in Acht!

3. Da kam die böse Fee herein,
Fee herein, Fee herein,
da kam die böse Fee herein und rief ihm zu:

4. „Dornröschen, schlafe hundert Jahr',
hundert Jahr', hundert Jahr',
Dornröschen, schlafe hundert Jahr' und alle mit!"

5. Da wuchs die Hecke riesengroß,
riesengroß, riesengroß,
da wuchs die Hecke riesengroß um das Schloss.

Suse, liebe Suse

Text: aus des Knaben Wunderhorn

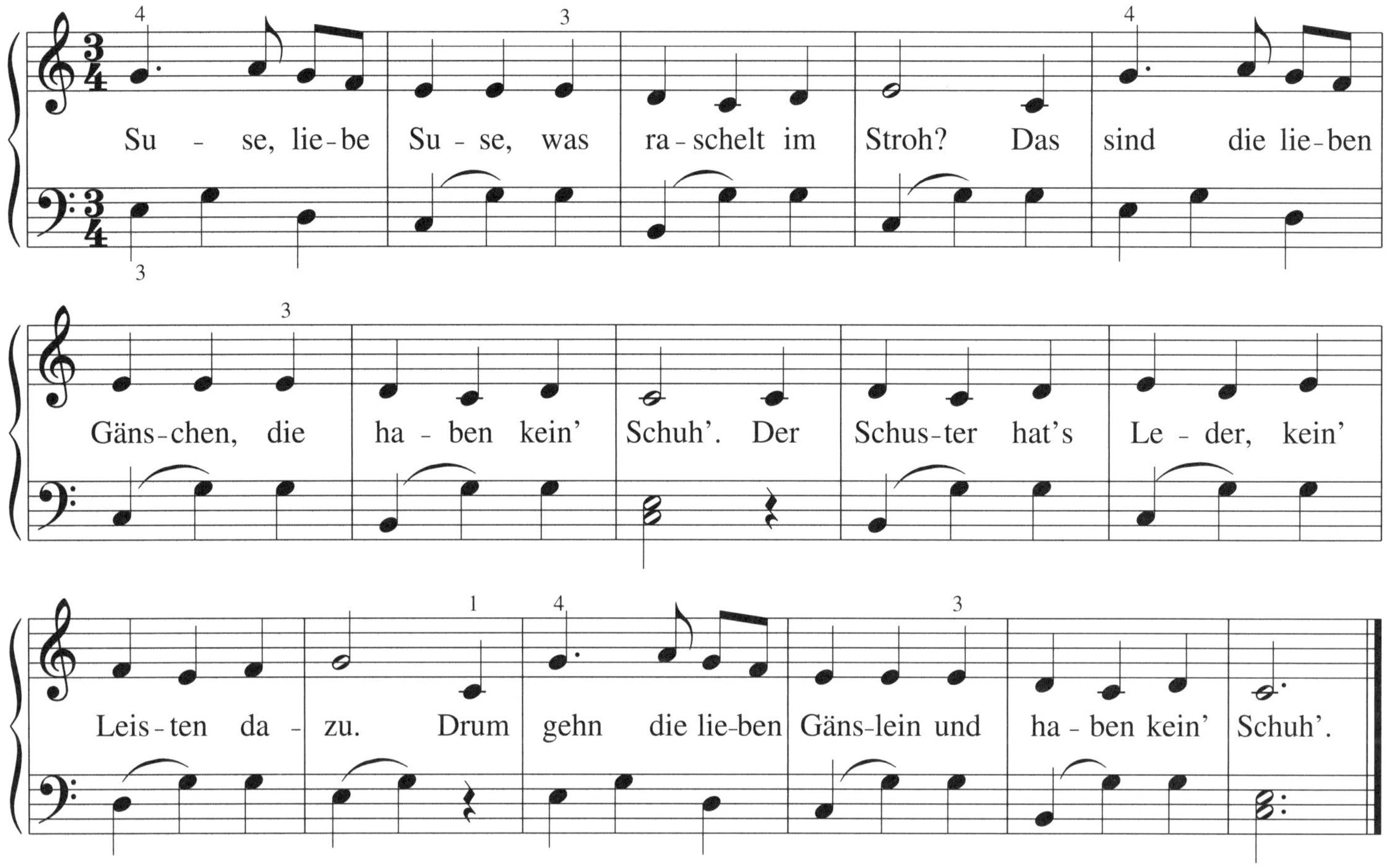

Su - se, lie-be Su - se, was ra-schelt im Stroh? Das sind die lie-ben Gäns-chen, die ha - ben kein' Schuh'. Der Schus-ter hat's Le - der, kein' Leis-ten da - zu. Drum gehn die lie-ben Gäns-lein und ha - ben kein' Schuh'.

Gretel, Pastetel

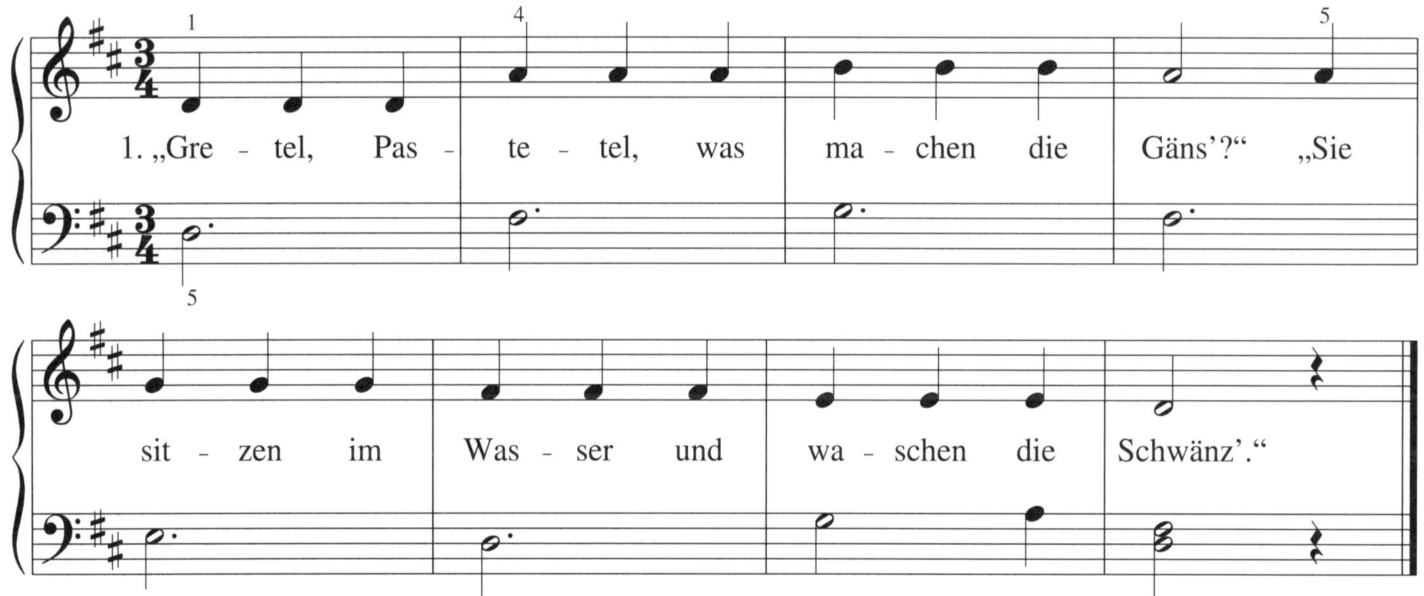

2. „Gretel, Pastetel, was macht eure Kuh?“
„Sie stehet im Stalle und macht immer muh.“

3. „Gretel, Pastetel, was macht euer Huhn?“
„Es gackert und gackert, hat sonst nichts zu tun.“

Der Kuckuck und der Esel

Melodie: Carl Friedrich Zelter
Text: Hoffmann von Fallersleben

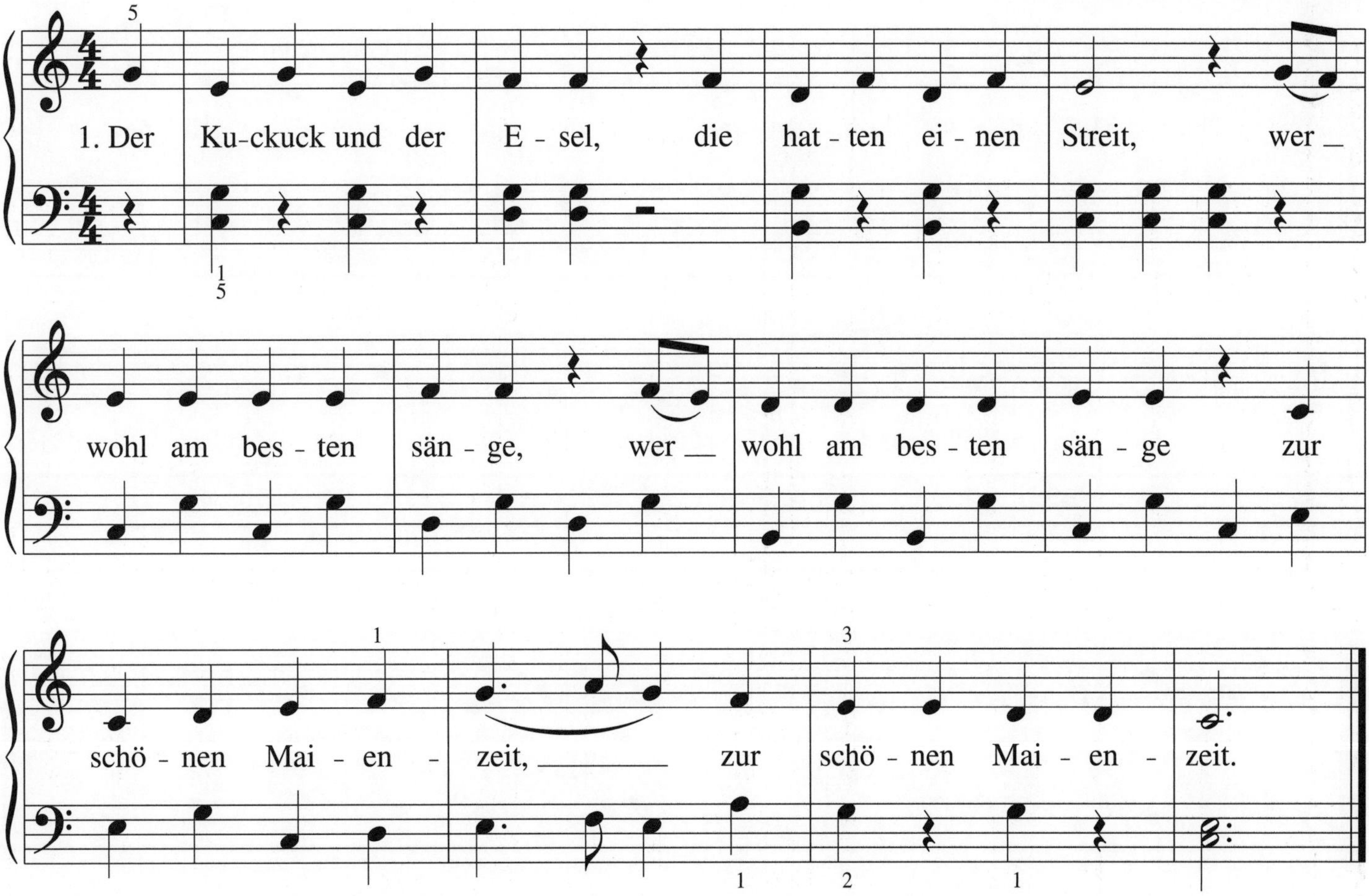

1. Der Ku-ckuck und der E - sel, die hat - ten ei - nen Streit, wer
wohl am bes - ten sän - ge, wer wohl am bes - ten sän - ge zur
schö - nen Mai - en - zeit, zur schö - nen Mai - en - zeit.

2. Der Kuckuck sprach: „Das kann ich!“
und fing gleich an zu schrein.
„Ich aber kann es besser,
ich aber kann es besser!“,
fiel gleich der Esel ein,
fiel gleich der Esel ein.

3. Das klang so schön und lieblich,
so schön von fern und nah,
sie sangen alle beide,
sie sangen alle beide:
„Kuckuck, kuckuck, i-a!
Kuckuck, kuckuck, i-a!“

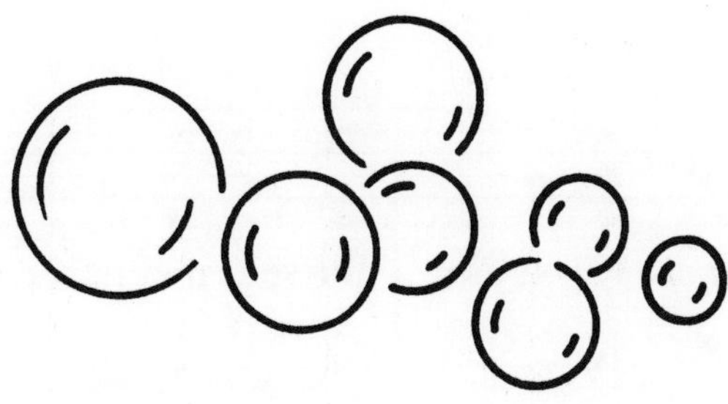

Der Maien ist kommen

aus der Schweiz

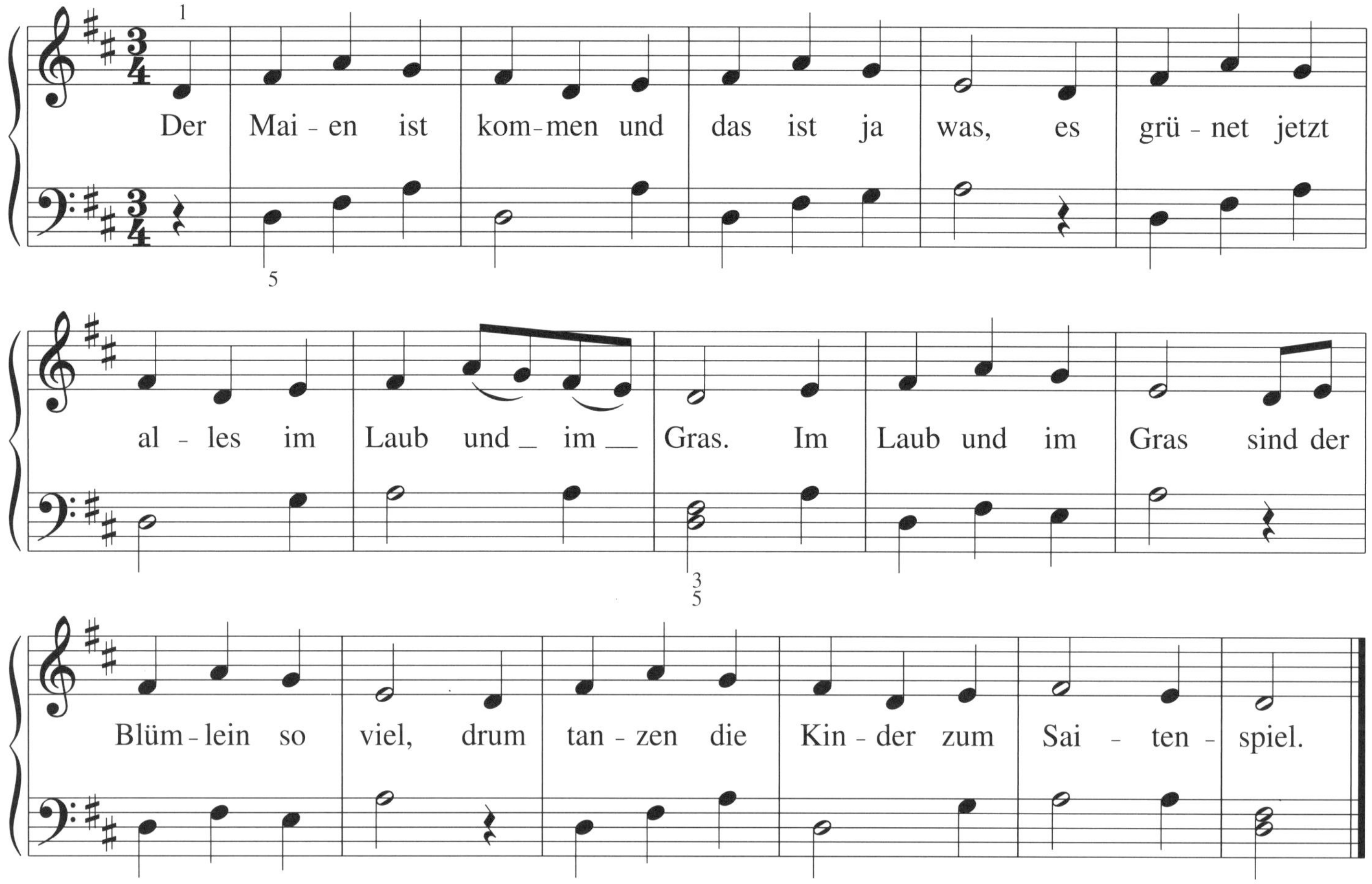

Der Mai - en ist kom-men und das ist ja was, es grü - net jetzt

al - les im Laub und _ im _ Gras. Im Laub und im Gras sind der

Blüm - lein so viel, drum tan - zen die Kin - der zum Sai - ten - spiel.

Wulle, Wulle Gänschen

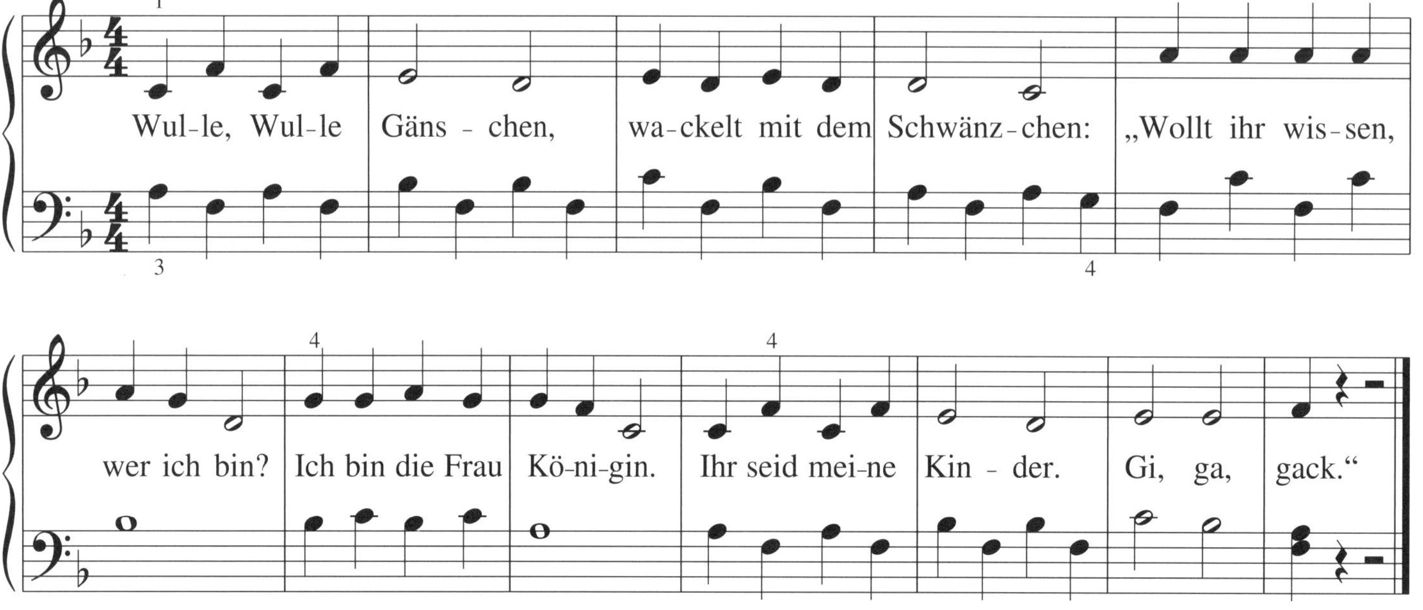

Limu, limu leimen

Melodie: aus Schweden

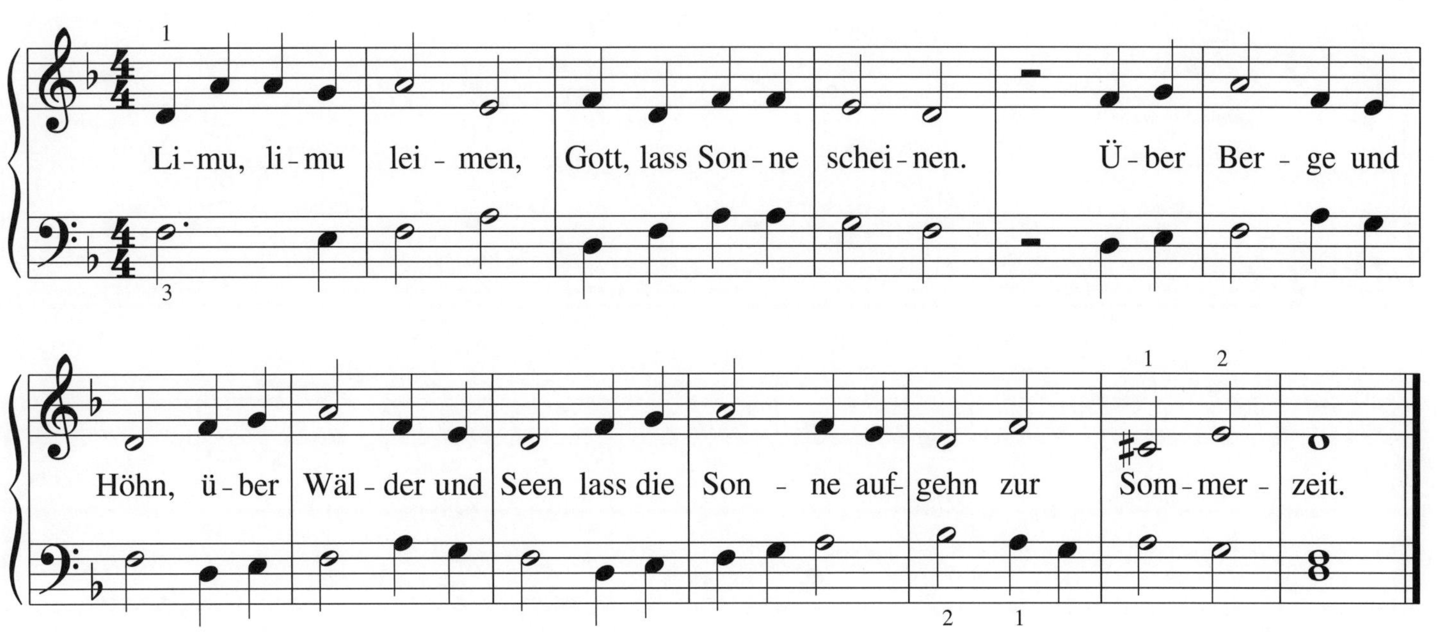

Armes Vöglein

Text und Melodie:
A. Terzibaschitsch

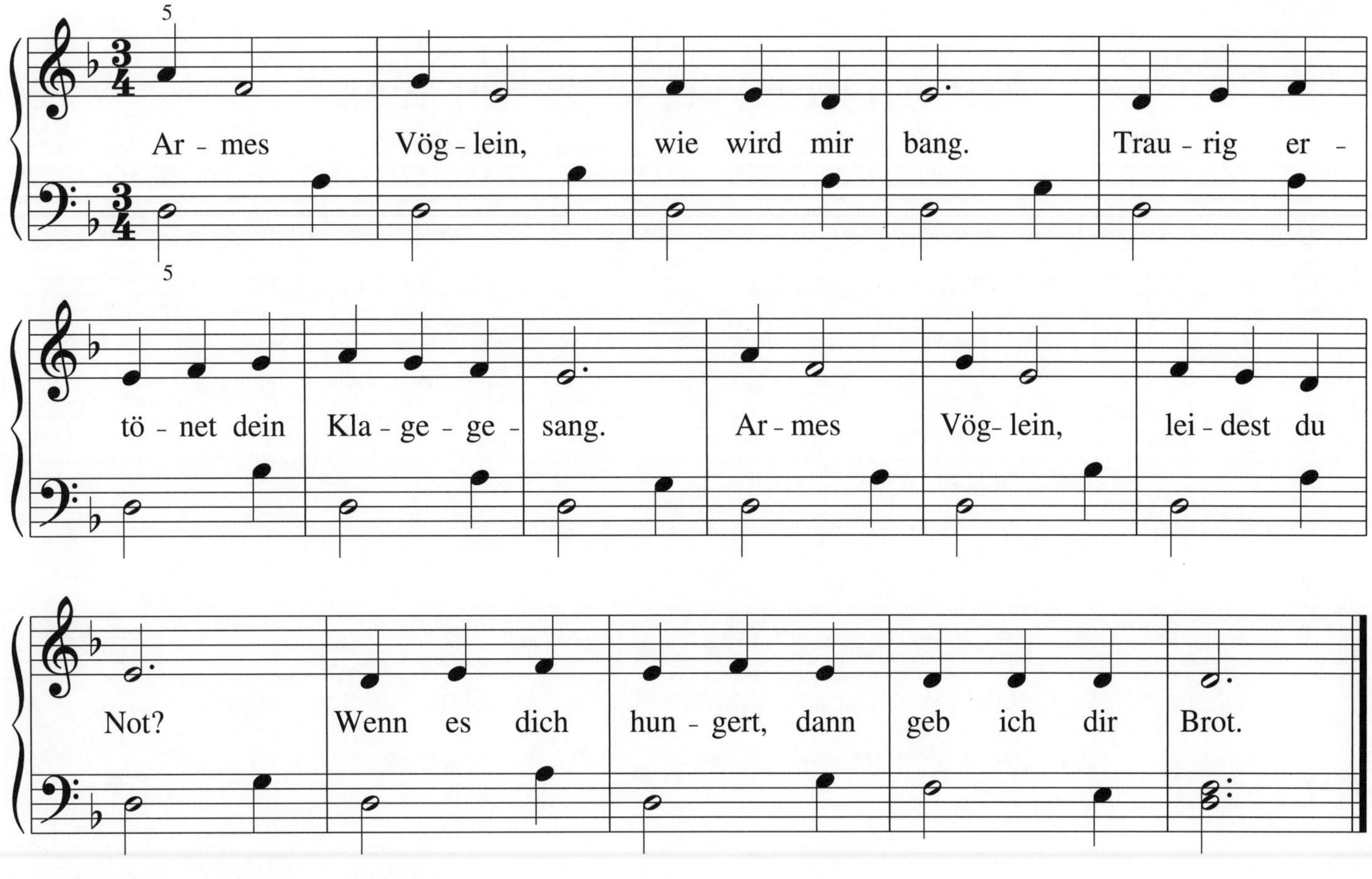

Ar - mes Vög - lein, wie wird mir bang. Trau - rig er -

tö - net dein Kla - ge - ge - sang. Ar - mes Vög- lein, lei - dest du

Not? Wenn es dich hun - gert, dann geb ich dir Brot.

Bald gras ich am Neckar

Volksweise

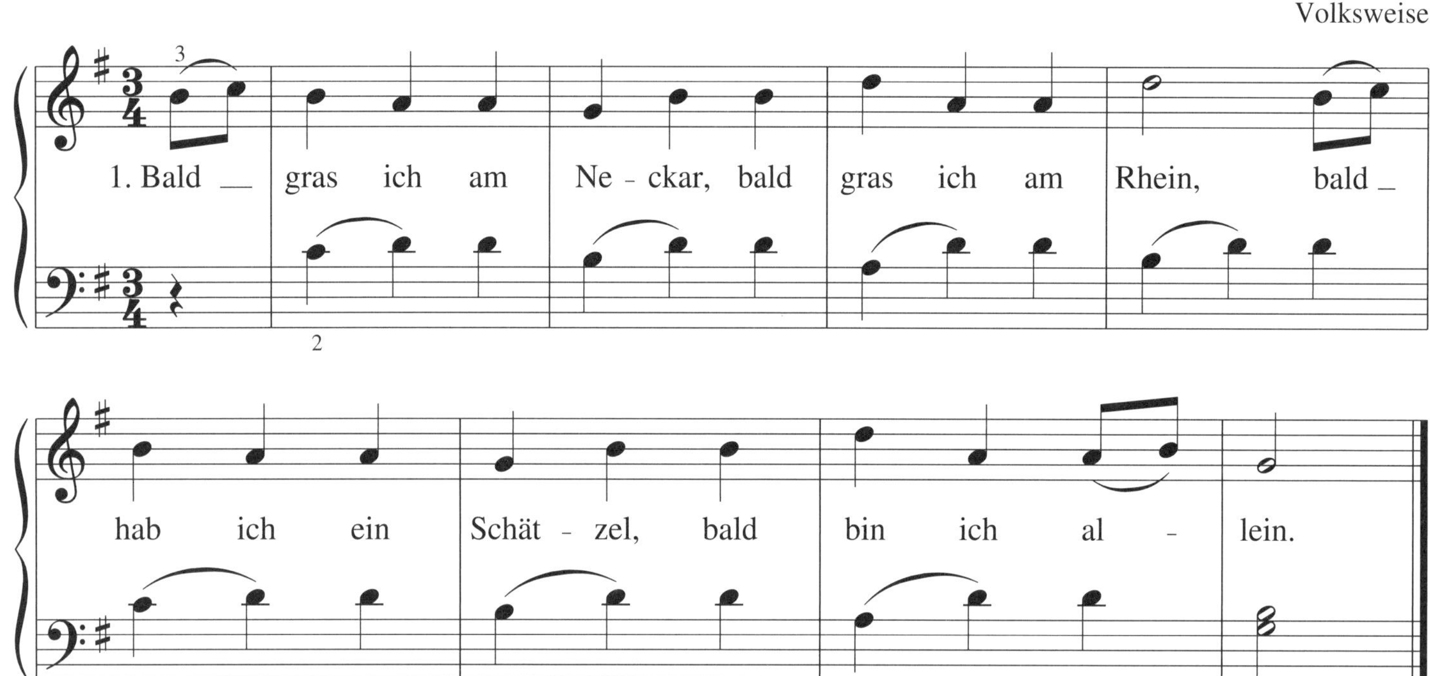

2. Was hilft mir mein Grasen,
wenn d' Sichel nit schneid't,
was hilft mir mein Schätzel,
wenn's bei mir nicht bleibt.

3. Und soll ich dann grasen
am Neckar, am Rhein,
so werf ich mein schönes
Goldringlein hinein.

Auf unsrer Wiese gehet was

Text: Hoffmann von Fallersleben

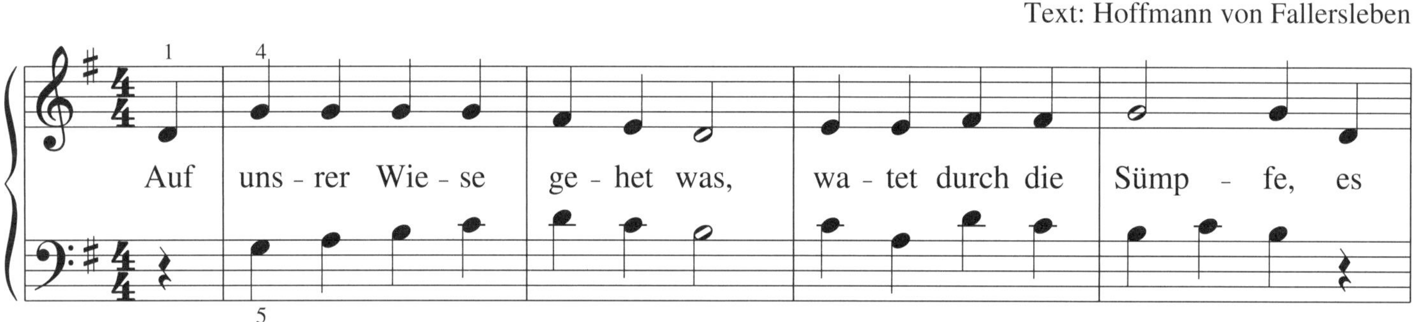

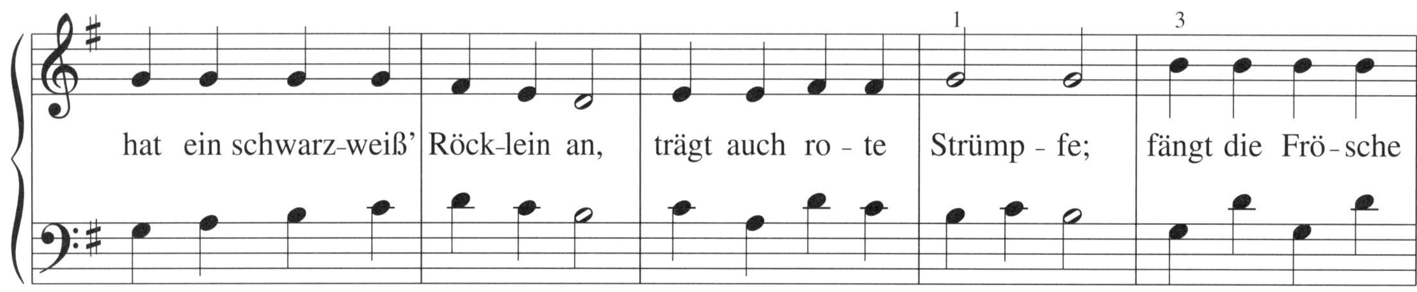

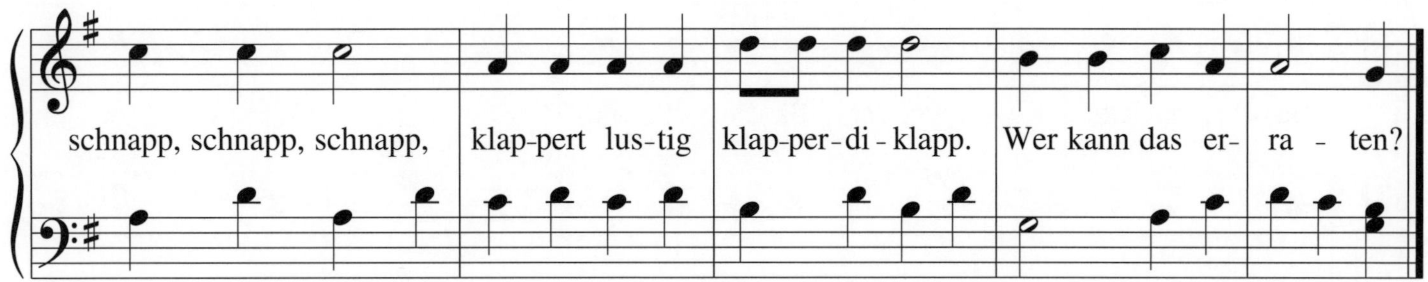

Im Märzen der Bauer

aus Mähren

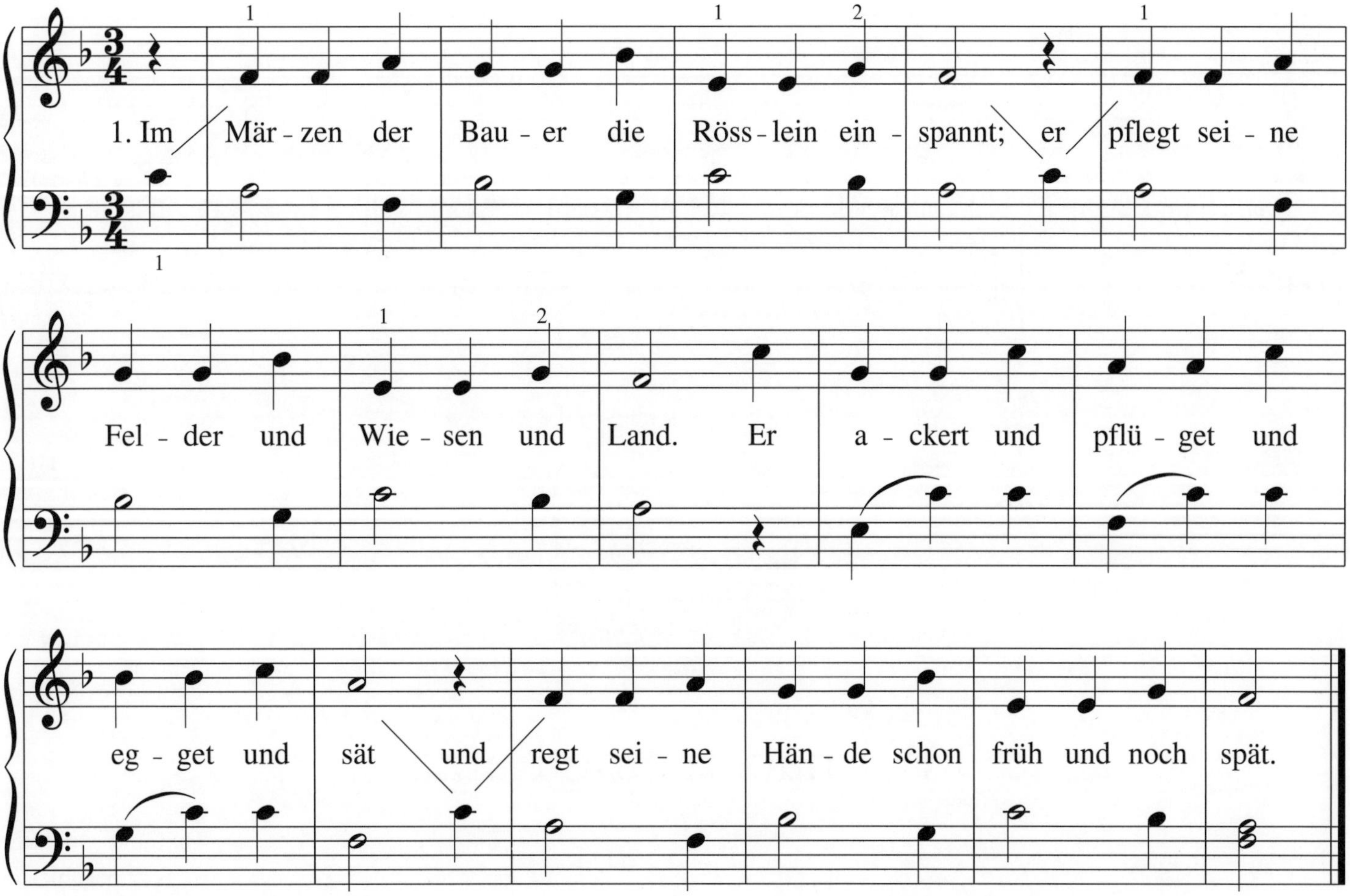

1. Im Mär - zen der Bau - er die Röss - lein ein - spannt; er pflegt sei - ne
Fel - der und Wie - sen und Land. Er a - ckert und pflü - get und
eg - get und sät und regt sei - ne Hän - de schon früh und noch spät.

2. Die Knechte und Mägde und all sein Gesind,
das regt und bewegt sich wie er so geschwind.
Sie singen manch munteres, fröhliches Lied
und freun sich von Herzen,
wenn alles schön blüht.

3. Und ist dann der Frühling und Sommer vorbei,
so füllet die Scheuer der Herbst wieder neu.
Und ist voll die Scheune, der Keller, das Haus,
dann gibt's auch im Winter
manch fröhlichen Schmaus.

Backe, backe Kuchen

aus Sachsen und Thüringen

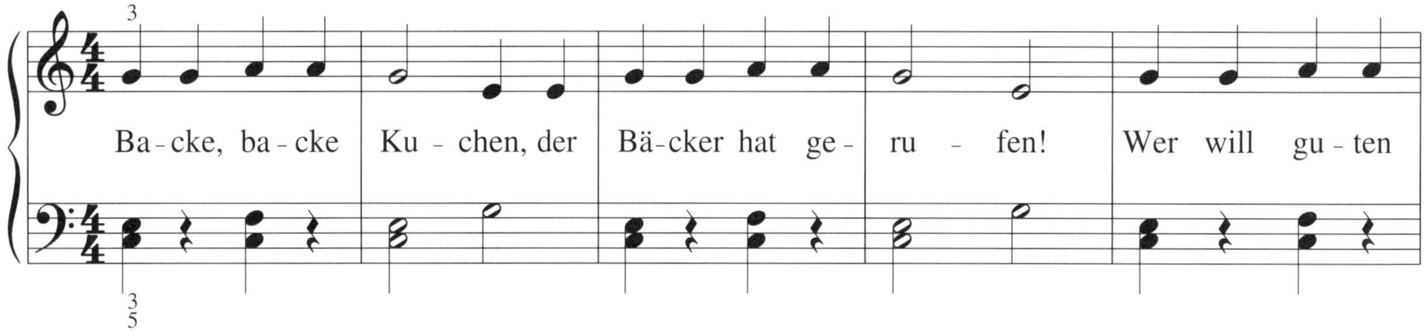

Ba - cke, ba - cke Ku - chen, der Bä - cker hat ge - ru - fen! Wer will gu - ten

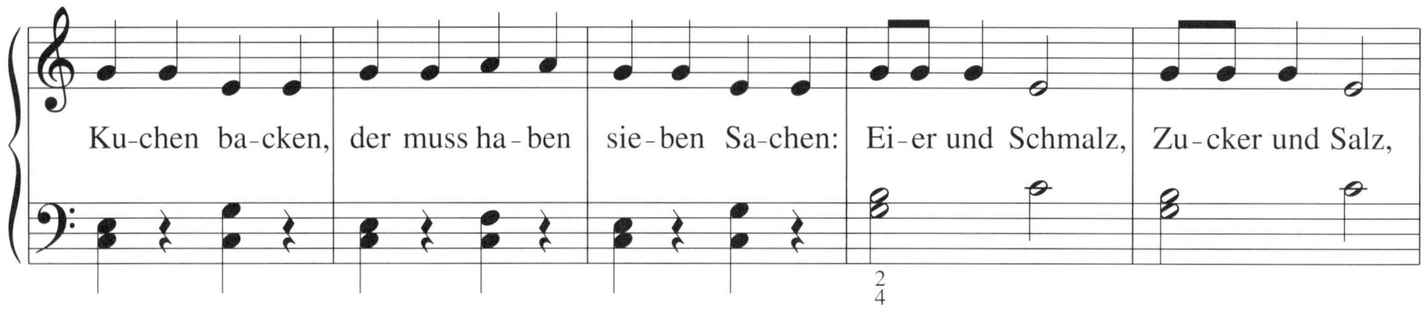

Ku - chen ba - cken, der muss ha - ben sie - ben Sa - chen: Ei - er und Schmalz, Zu - cker und Salz,

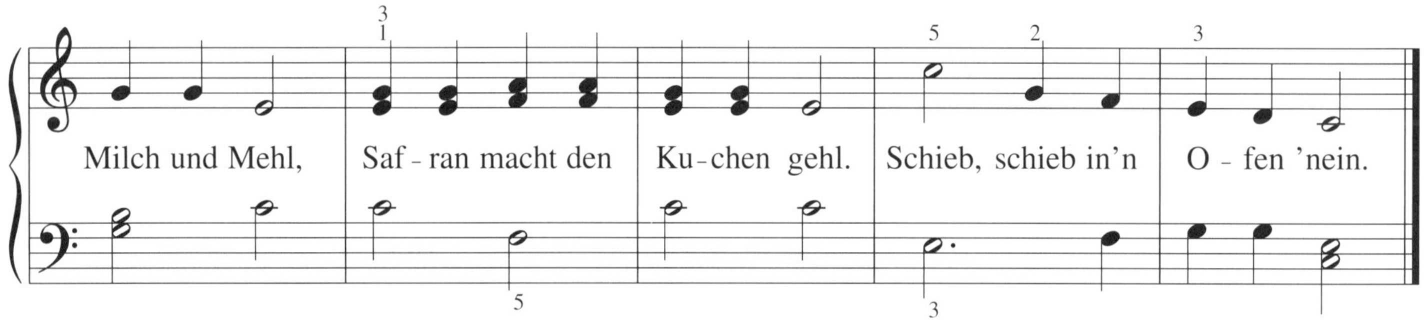

Milch und Mehl, Saf - ran macht den Ku - chen gehl. Schieb, schieb in'n O - fen 'nein.

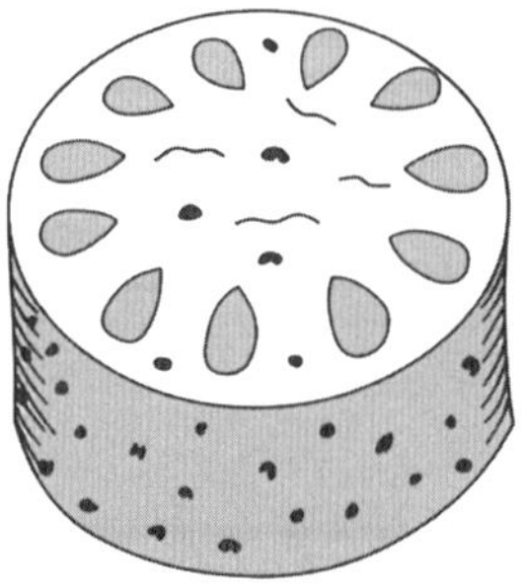

Wir haben eine Katze

Text und Melodie:
A. Terzibaschitsch

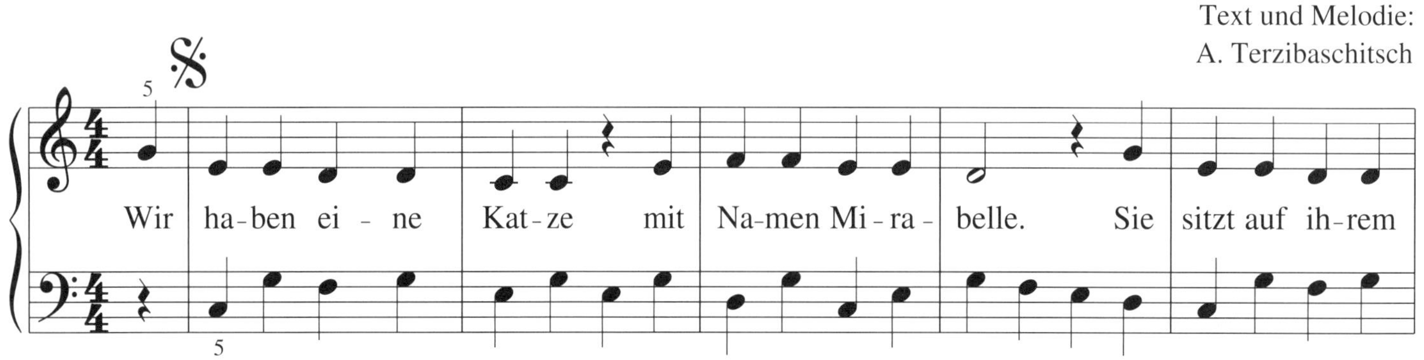

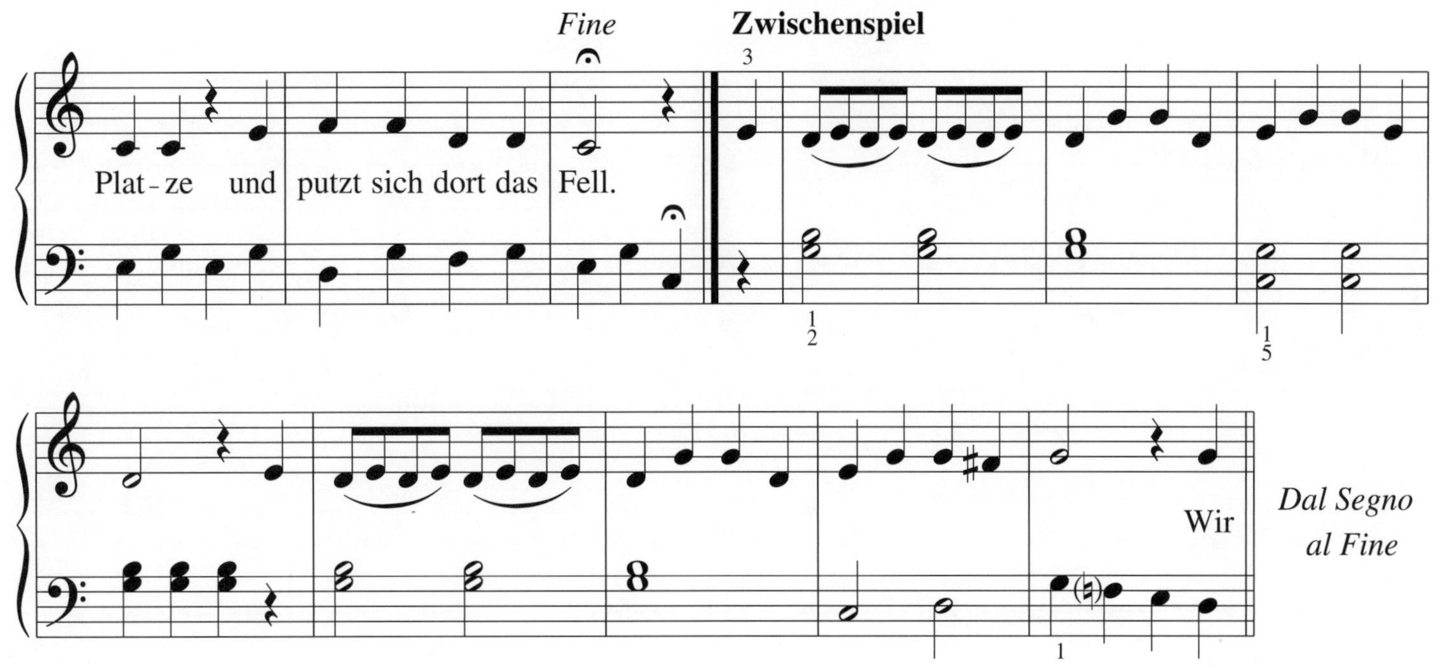

Mein Hut, der hat drei Ecken

Volksweise

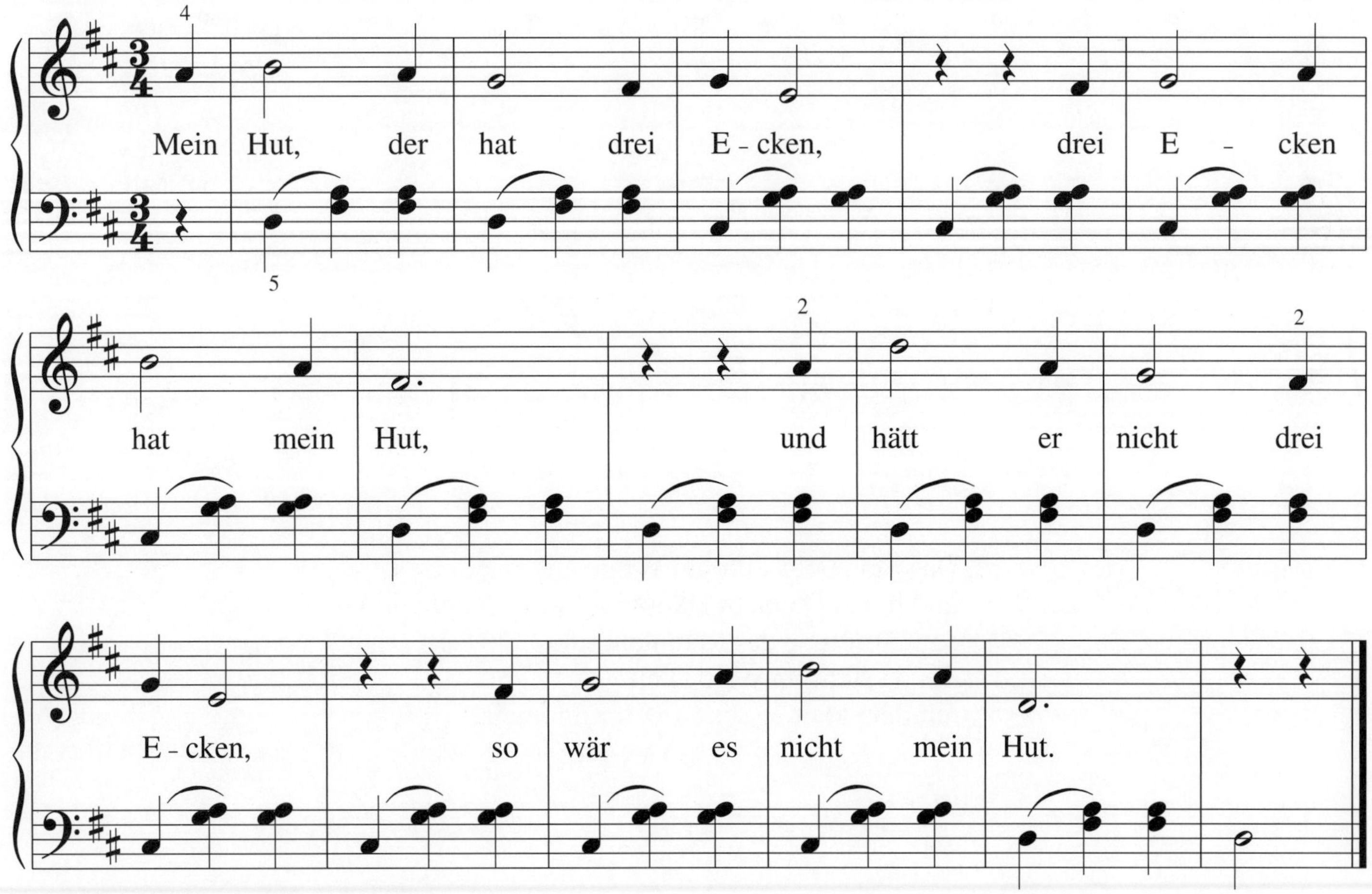

Mein Hut, der hat drei E - cken, drei E - cken

hat mein Hut, und hätt er nicht drei

E - cken, so wär es nicht mein Hut.

Ein Männlein steht im Walde

Text: Hoffmann von Fallersleben

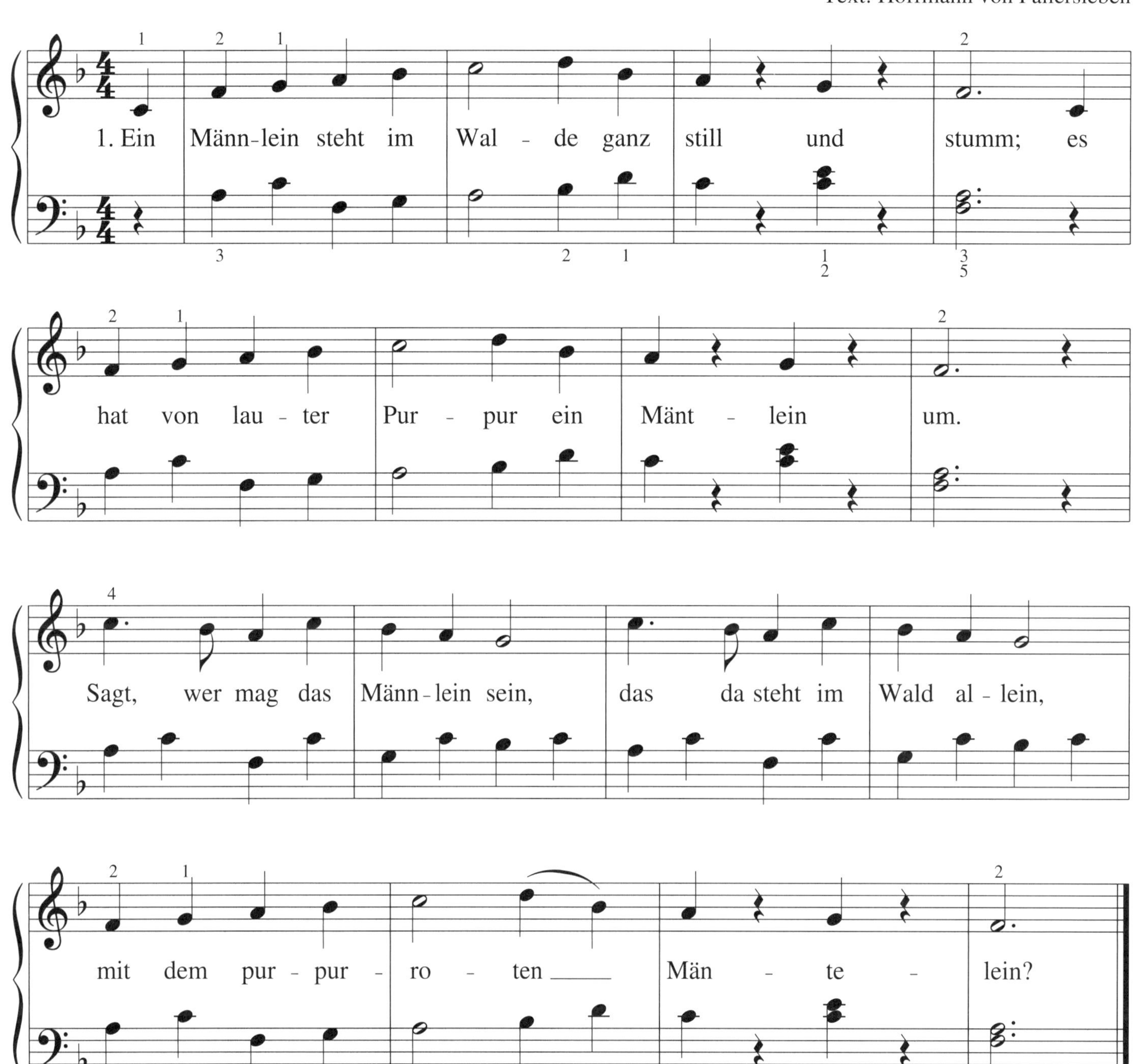

2. Das Männlein steht im Walde auf einem Bein
und hat auf seinem Haupte schwarz' Käpplein klein.
Sagt, wer mag das Männlein sein,
das da steht im Wald allein
mit dem kleinen schwarzen Käppelein?

Wir sind zwei Musikanten

altes Kinderspiel

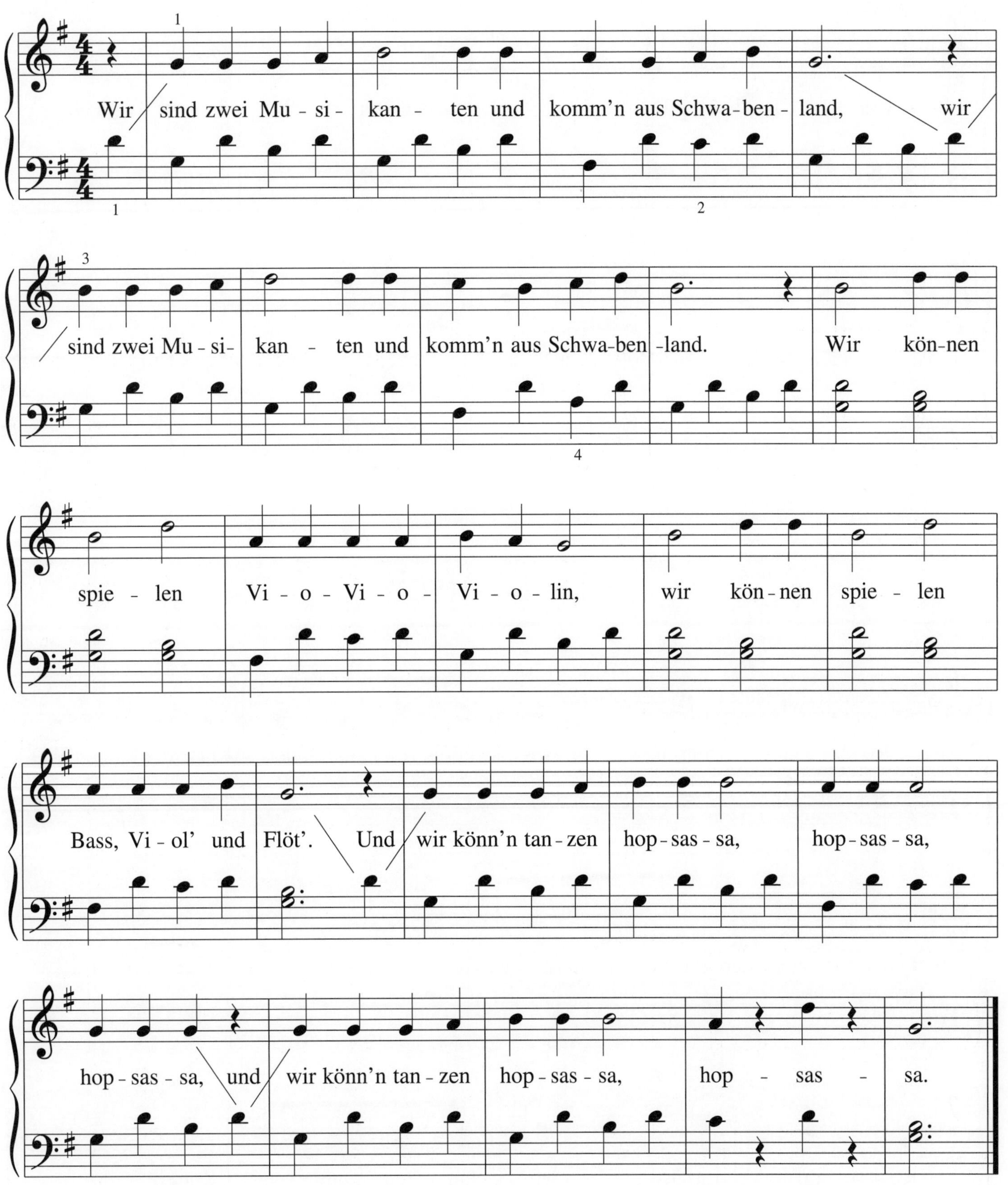

Bruder Jakob

aus Frankreich

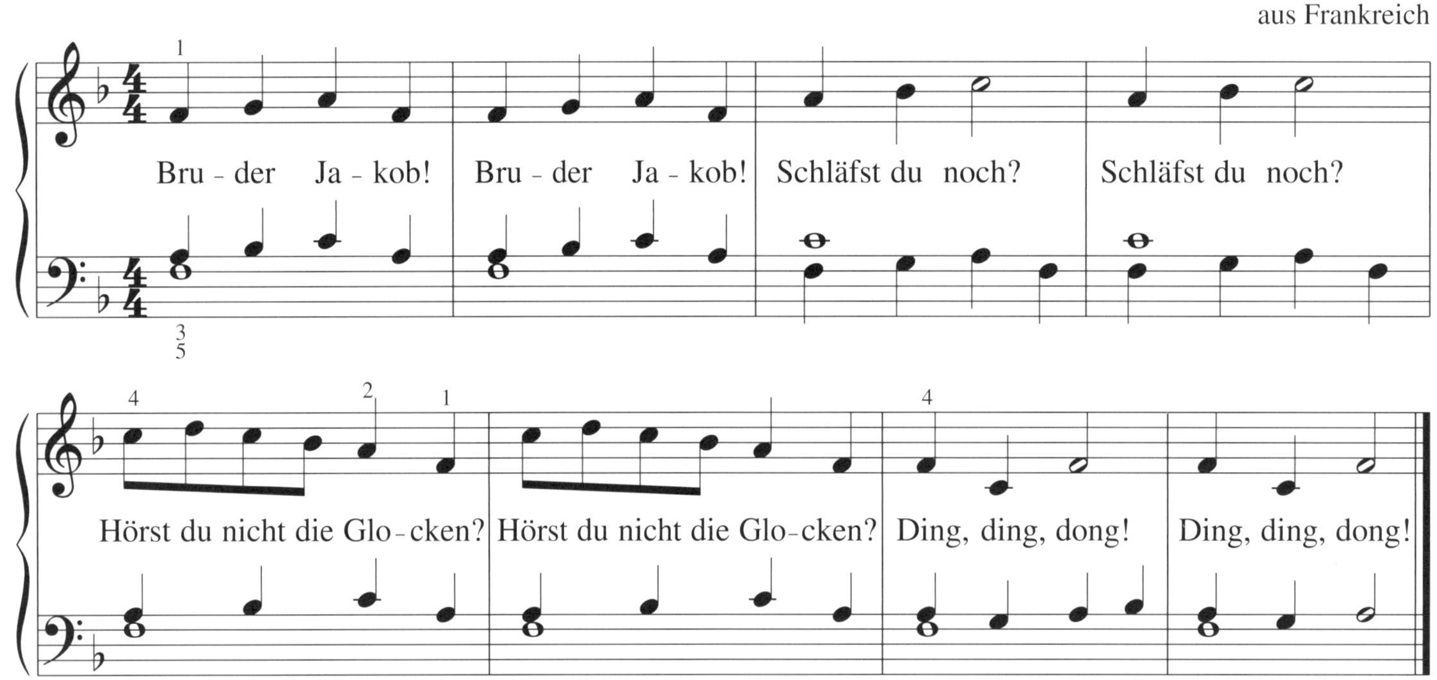

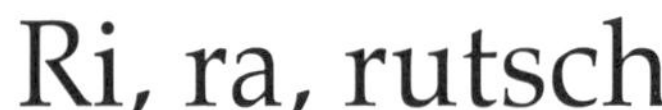

Ri, ra, rutsch

Volksweise

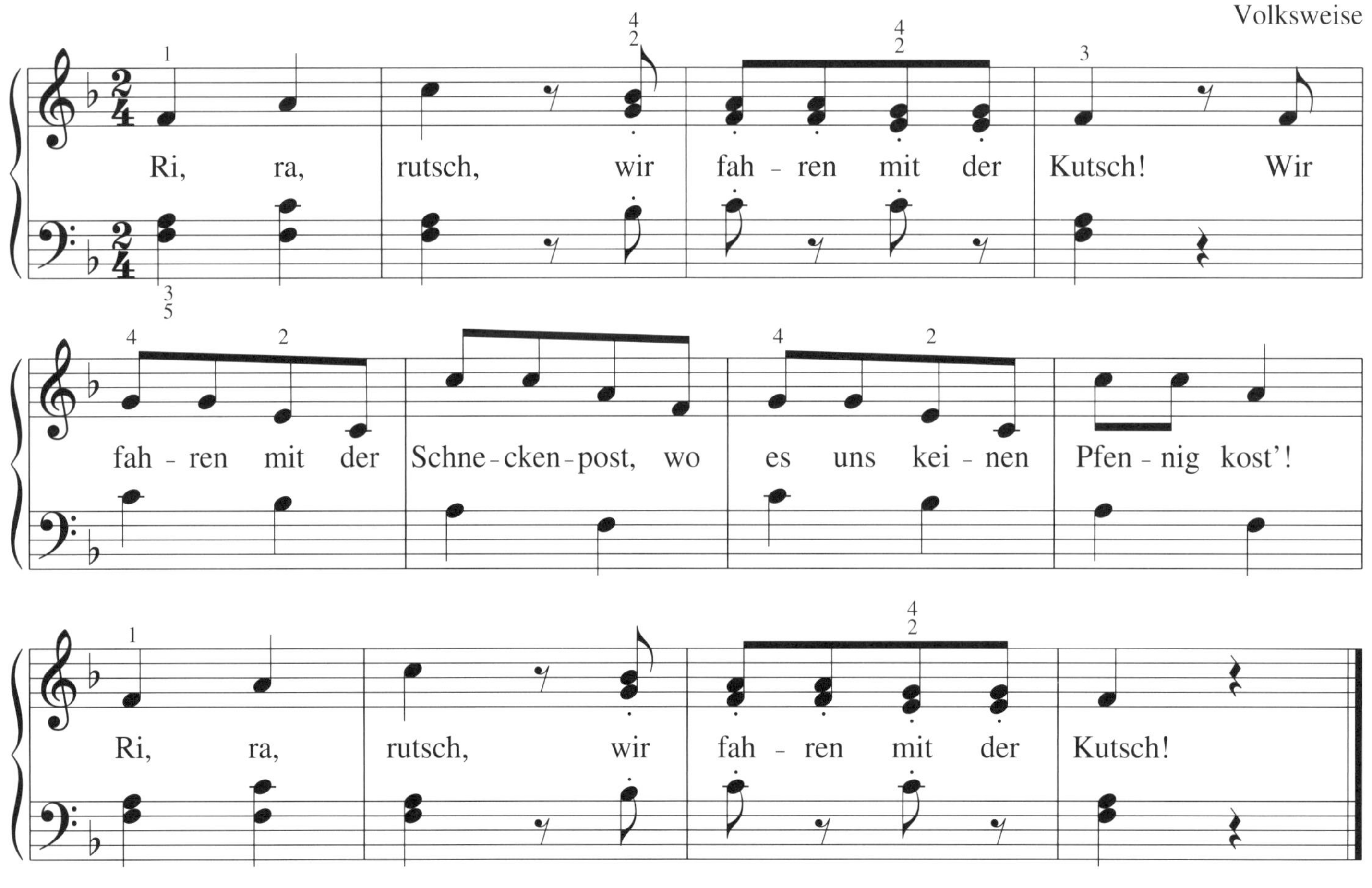

Ri, ra, rutsch, wir fah - ren mit der Kutsch! Wir
fah - ren mit der Schne - cken - post, wo es uns kei - nen Pfen - nig kost'!
Ri, ra, rutsch, wir fah - ren mit der Kutsch!

I fahr mit der Post

Volksweise

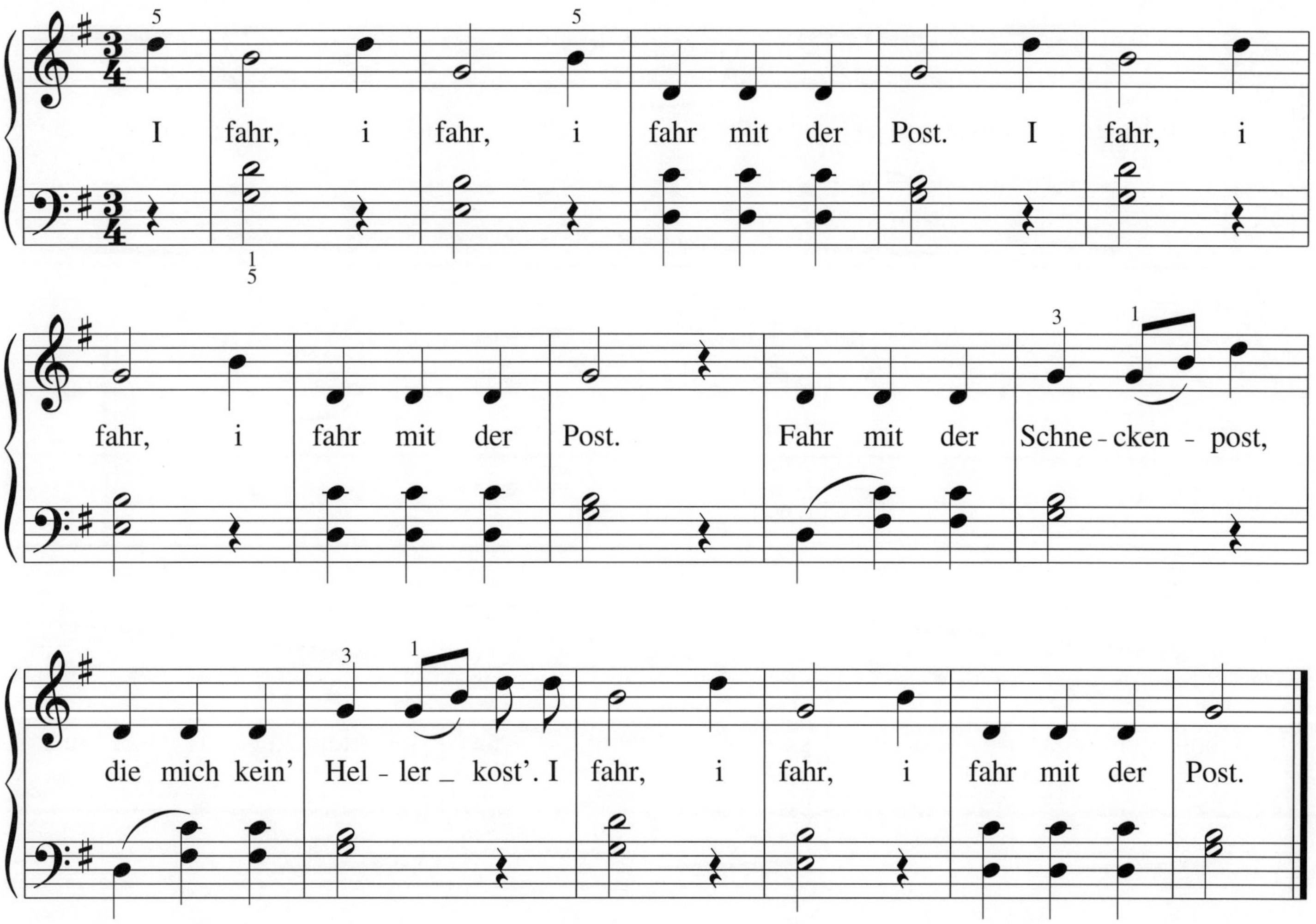

I fahr, i fahr, i fahr mit der Post. I fahr, i

fahr, i fahr mit der Post. Fahr mit der Schne - cken - post,

die mich kein' Hel - ler _ kost'. I fahr, i fahr, i fahr mit der Post.

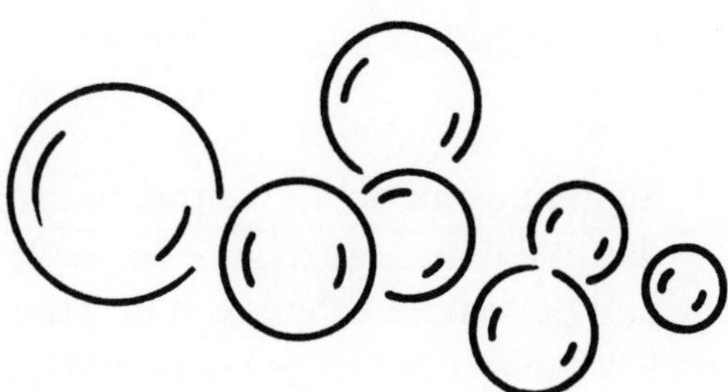

So geht es im Schnützelputzhäusel

Volksweise

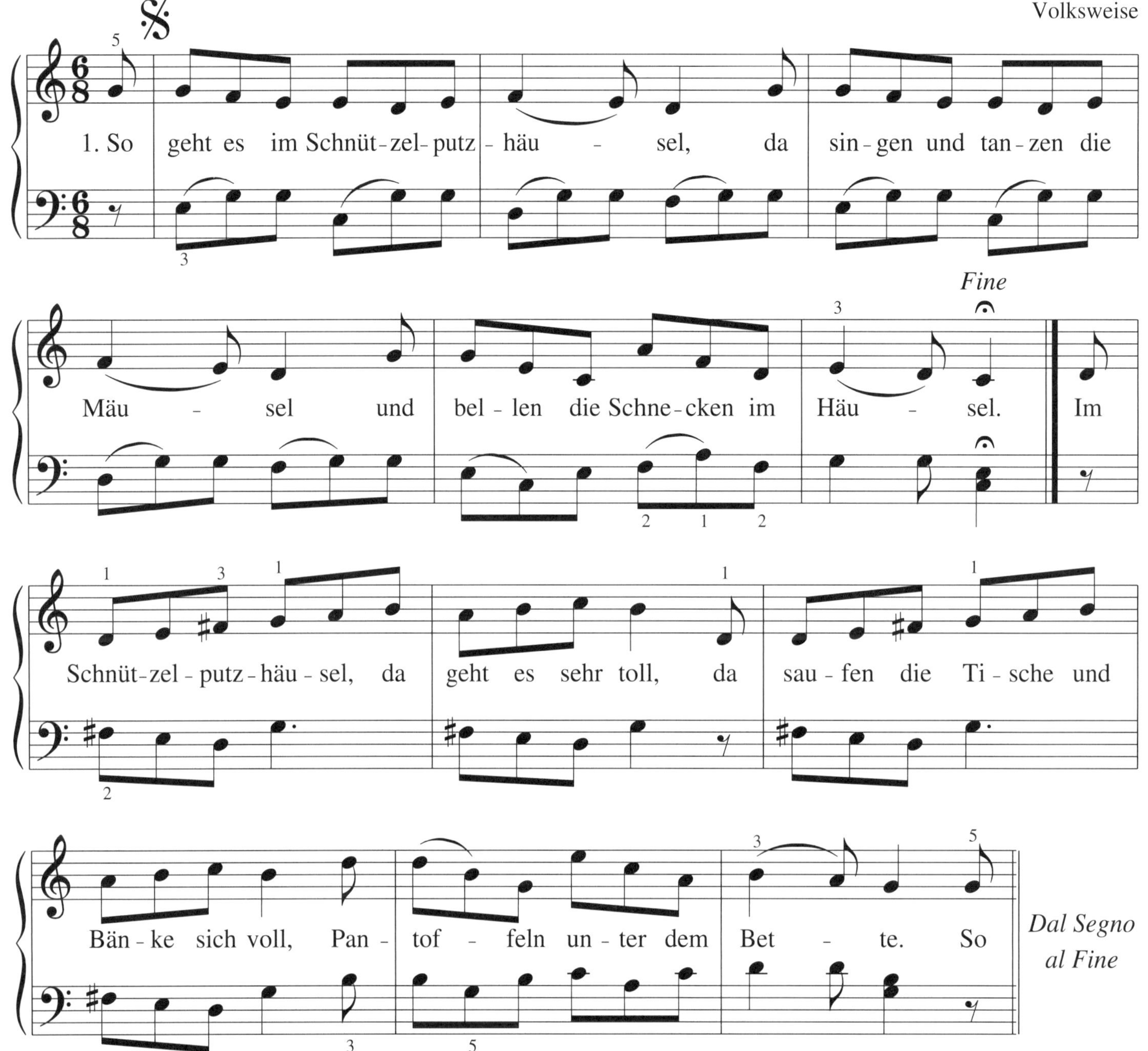

2. So geht es im Schnützelputzhäusel,
   da singen und tanzen die Mäusel
   und bellen die Schnecken im Häusel.
   Da saßen zwei Ochsen im Storchennest,
   die hatten einander gar lieblich getröst
   und wollten die Eier ausbrüten.

3. So geht es im Schnützelputzhäusel,
   da singen und tanzen die Mäusel
   und bellen die Schnecken im Häusel.
   Es zogen zwei Störche wohl auf die Wacht,
   die hatten ihr' Sache gar wohl bedacht
   mit ihren großmächtigen Spießen.

4. So geht es im Schnützelputzhäusel,
   da singen und tanzen die Mäusel
   und bellen die Schnecken im Häusel.
   Ich wüßte der Dinge noch mehr zu sag'n,
   die sich im Schnützelputzhäusel zugetrag'n
   gar lächerlich über die Maßen.

Es klappert die Mühle am rauschenden Bach

Text: Ernst Anschütz

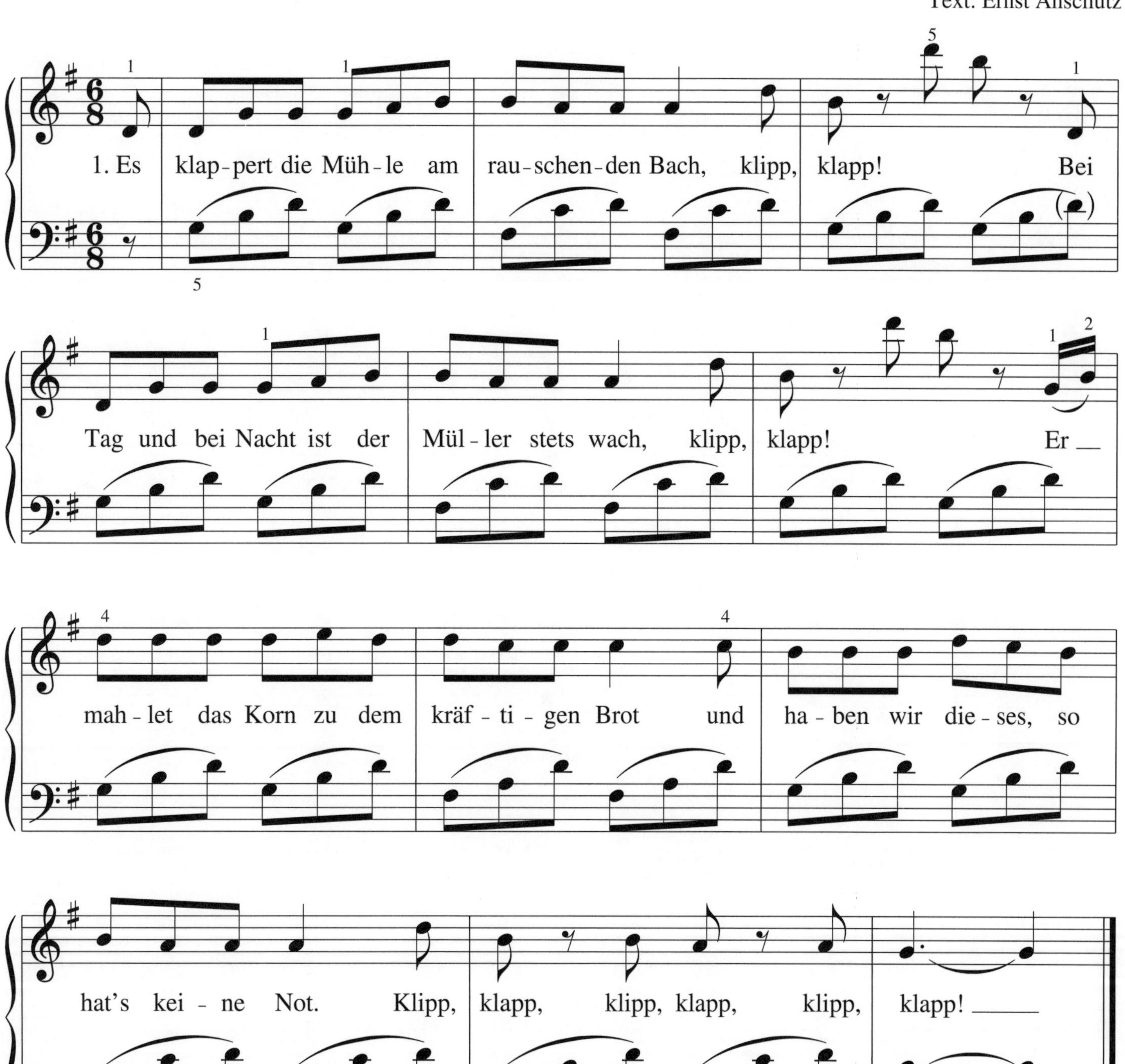

2. Flink laufen die Räder
und drehen den Stein, klipp, klapp,
und mahlen den Weizen
zu Mehl uns so fein, klipp, klapp!
Der Bäcker dann Zwieback
und Kuchen draus bäckt,
der immer den Kindern
besonders gut schmeckt.
Klipp, klapp, klipp, klapp, klipp, klapp!

3. Wenn reichliche Körner
das Ackerfeld trägt, klipp, klapp,
die Mühle dann flink
ihre Räder bewegt, klipp, klapp!
Und schenkt uns der Himmel
nur immerdar Brot,
so sind wir geborgen
und leiden nicht Not.
Klipp, klapp, klipp, klapp, klipp, klapp!

Eine kleine Geige möcht ich haben

Text: Hoffmann von Fallersleben

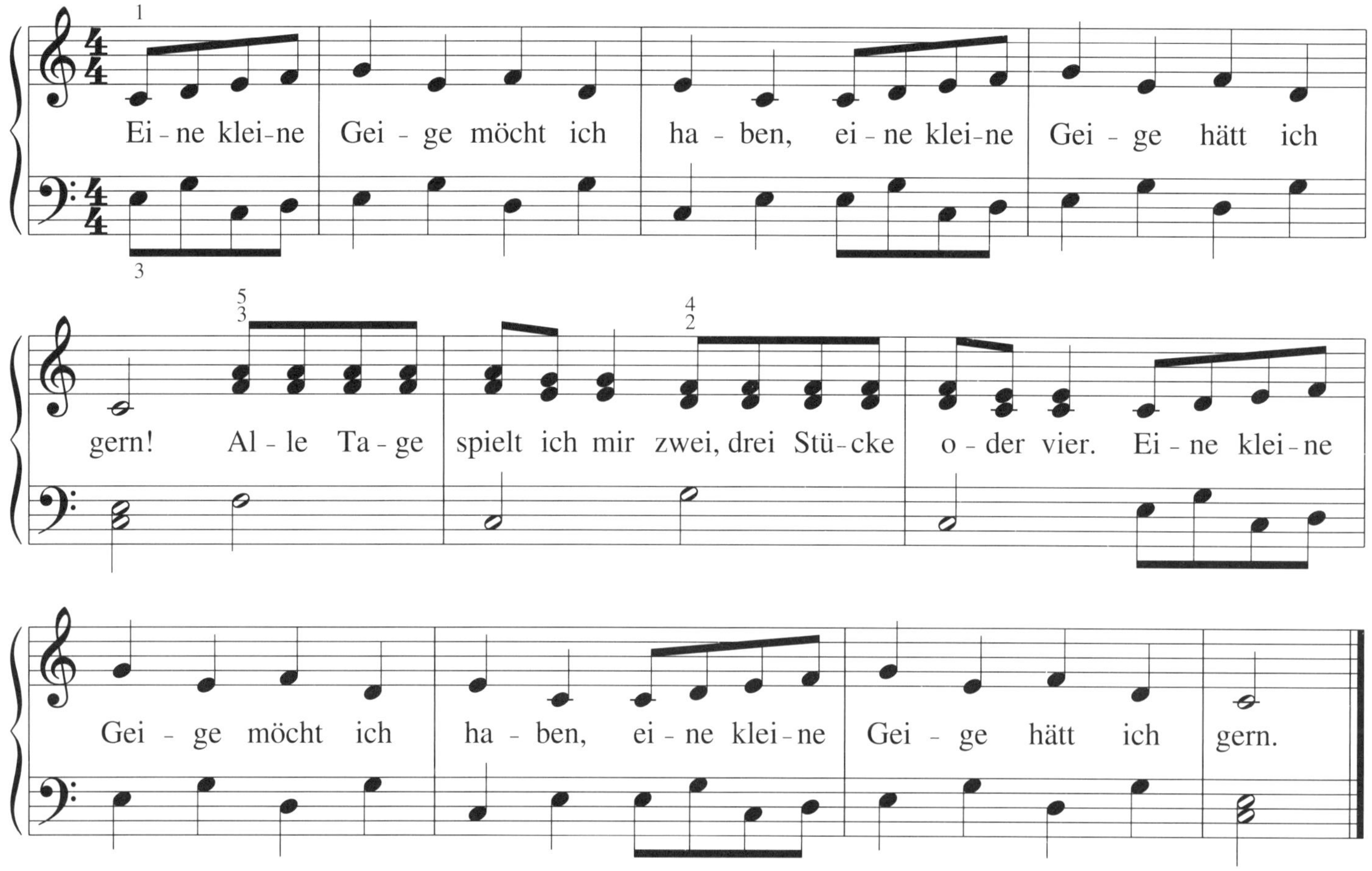

Ei - ne klei - ne Gei - ge möcht ich ha - ben, ei - ne klei - ne Gei - ge hätt ich
gern! Al - le Ta - ge spielt ich mir zwei, drei Stü - cke o - der vier. Ei - ne klei - ne
Gei - ge möcht ich ha - ben, ei - ne klei - ne Gei - ge hätt ich gern.

Hört, ihr Herrn, und lasst euch sagen

Text: aus dem 18. Jahrhundert

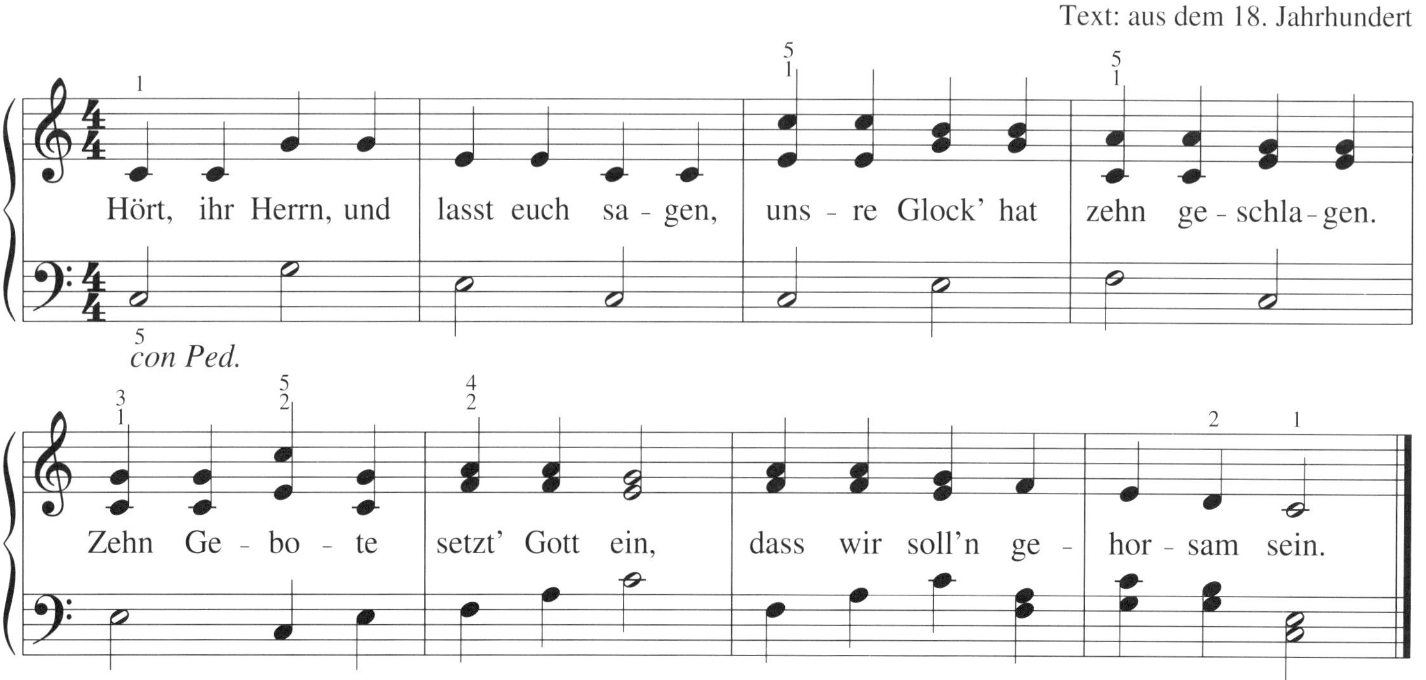

Auf, du junger Wandersmann

aus Franken

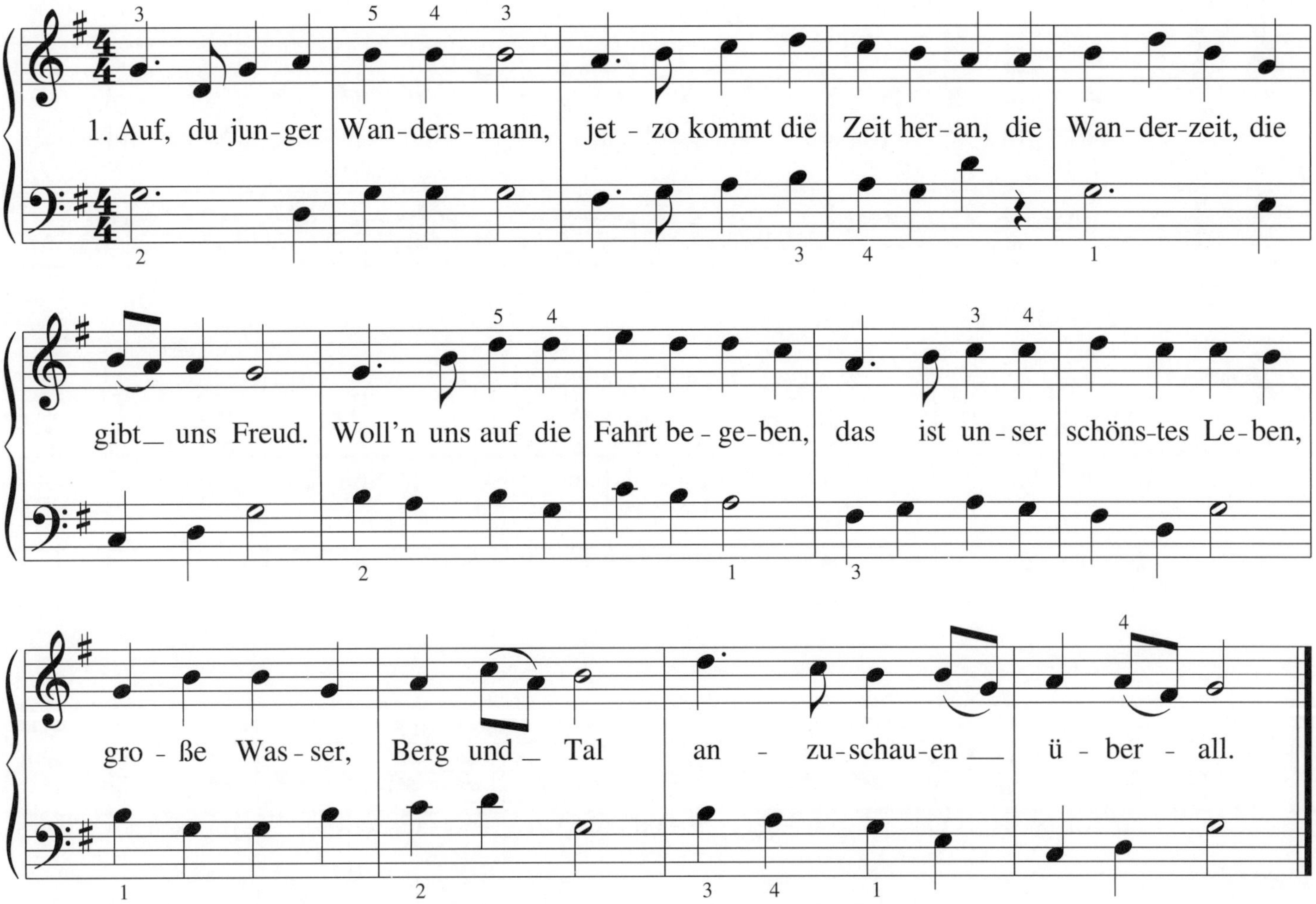

1. Auf, du jun-ger Wan-ders-mann, jet - zo kommt die Zeit her-an, die Wan-der-zeit, die gibt_ uns Freud. Woll'n uns auf die Fahrt be - ge-ben, das ist un - ser schöns-tes Le-ben, gro - ße Was - ser, Berg und _ Tal an - zu-schau-en __ ü - ber - all.

2. An dem schönen Donaufluss
findet man ja seine Lust
und seine Freud auf grüner Heid,
wo die Vöglein lieblich singen
und die Hirschlein fröhlich springen;
dann kommt man vor eine Stadt,
wo man gute Arbeit hat.

3. Mancher hinterm Ofen sitzt
und gar fein die Ohren spitzt,
kein' Stund vor's Haus ist 'kommen aus;
den soll man als G'sell erkennen
oder gar ein' Meister nennen,
der noch nirgends ist gewest,
nur gesessen in sein'm Nest?

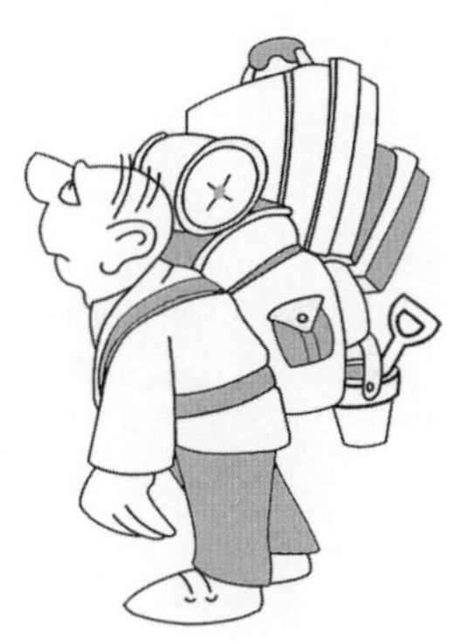

Das Lummerlandlied

Musik: Hermann Amann
Text: Manfred Jenning

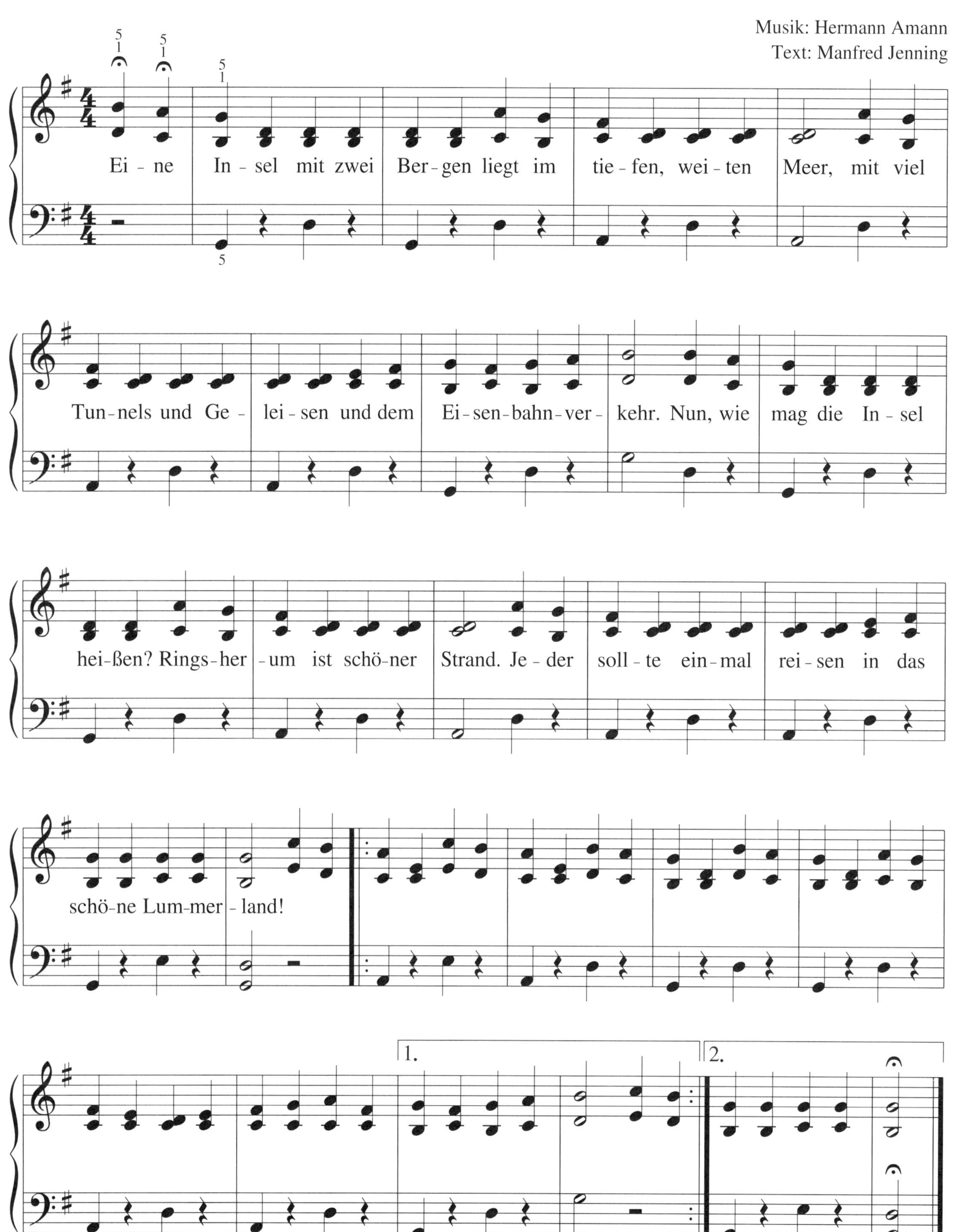

Es tanzt ein Bi-Ba-Butzemann

Text: aus des Knaben Wunderhorn

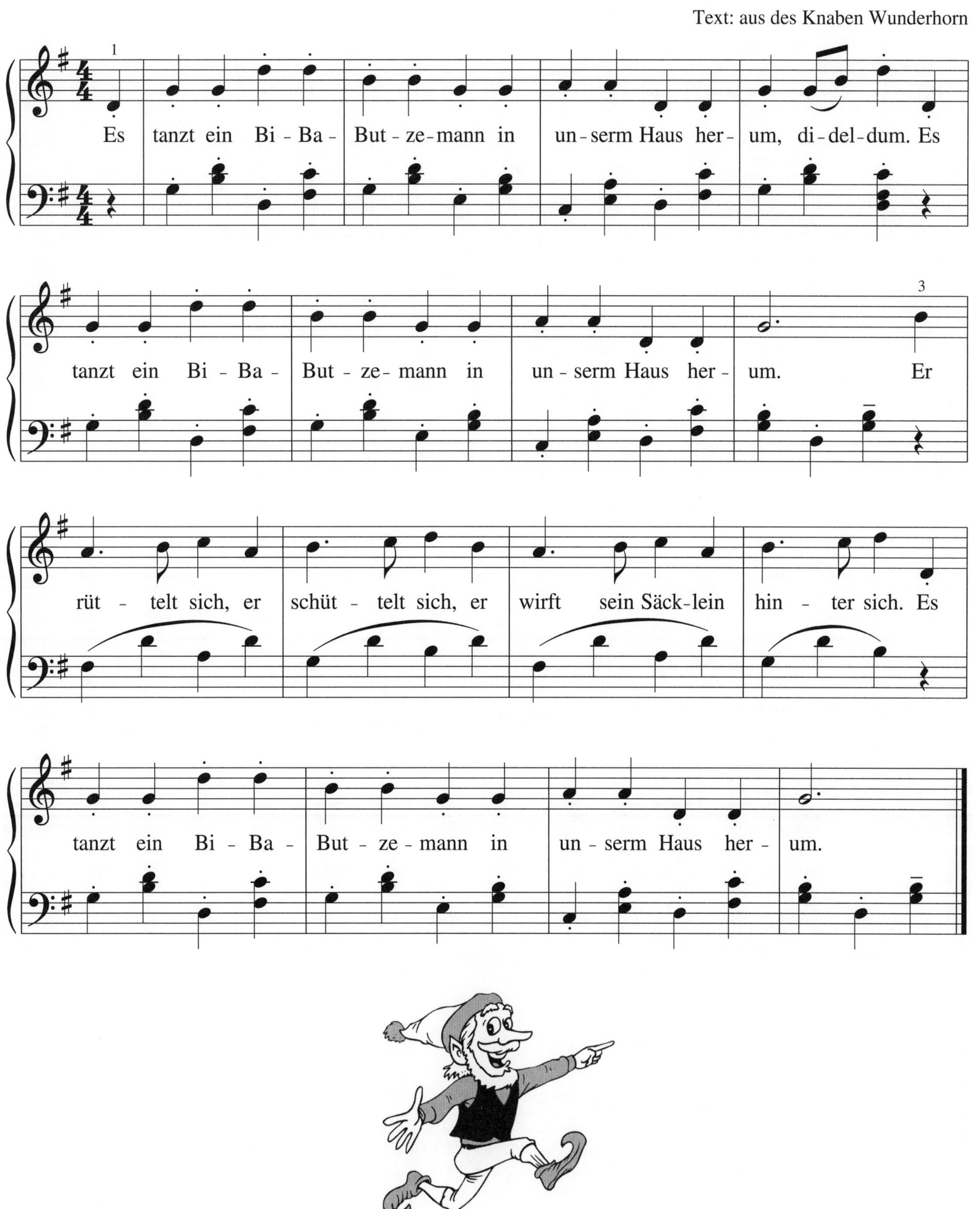

Ich geh mit meiner Laterne

Volksweise

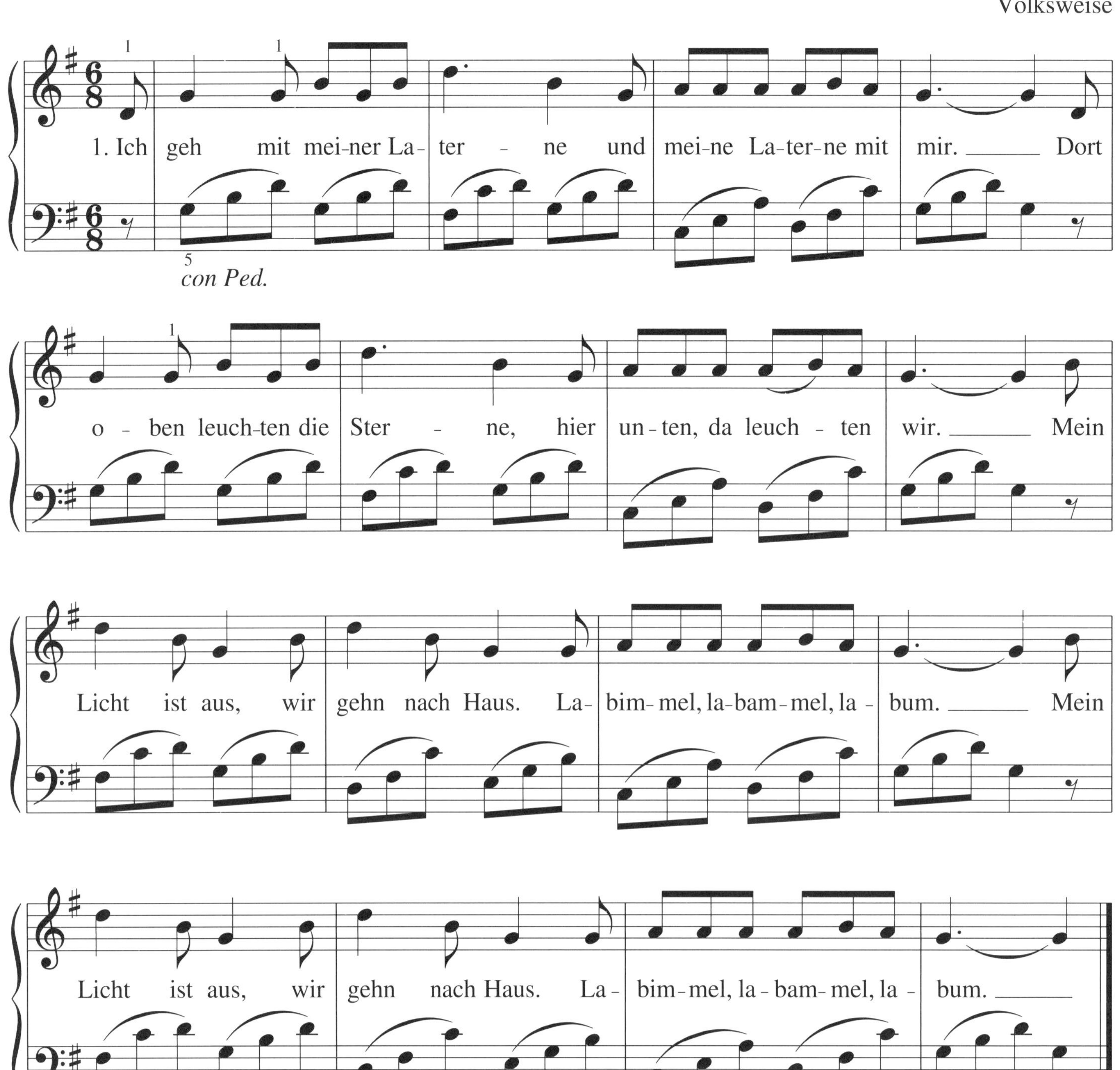

2. Ich geh mit meiner Laterne
und meine Laterne mit mir.
Dort oben leuchten die Sterne,
hier unten, da leuchten wir.
Der Martinsmann, der zieht voran.
Labimmel, labammel, labum.

3. Ich geh mit meiner Laterne
und meine Laterne mit mir.
Dort oben leuchten die Sterne,
hier unten, da leuchten wir.
Beschenkt uns heut, ihr lieben Leut!
Labimmel, labammel, labum.

Wanderung

Text und Melodie:
A. Terzibaschitsch

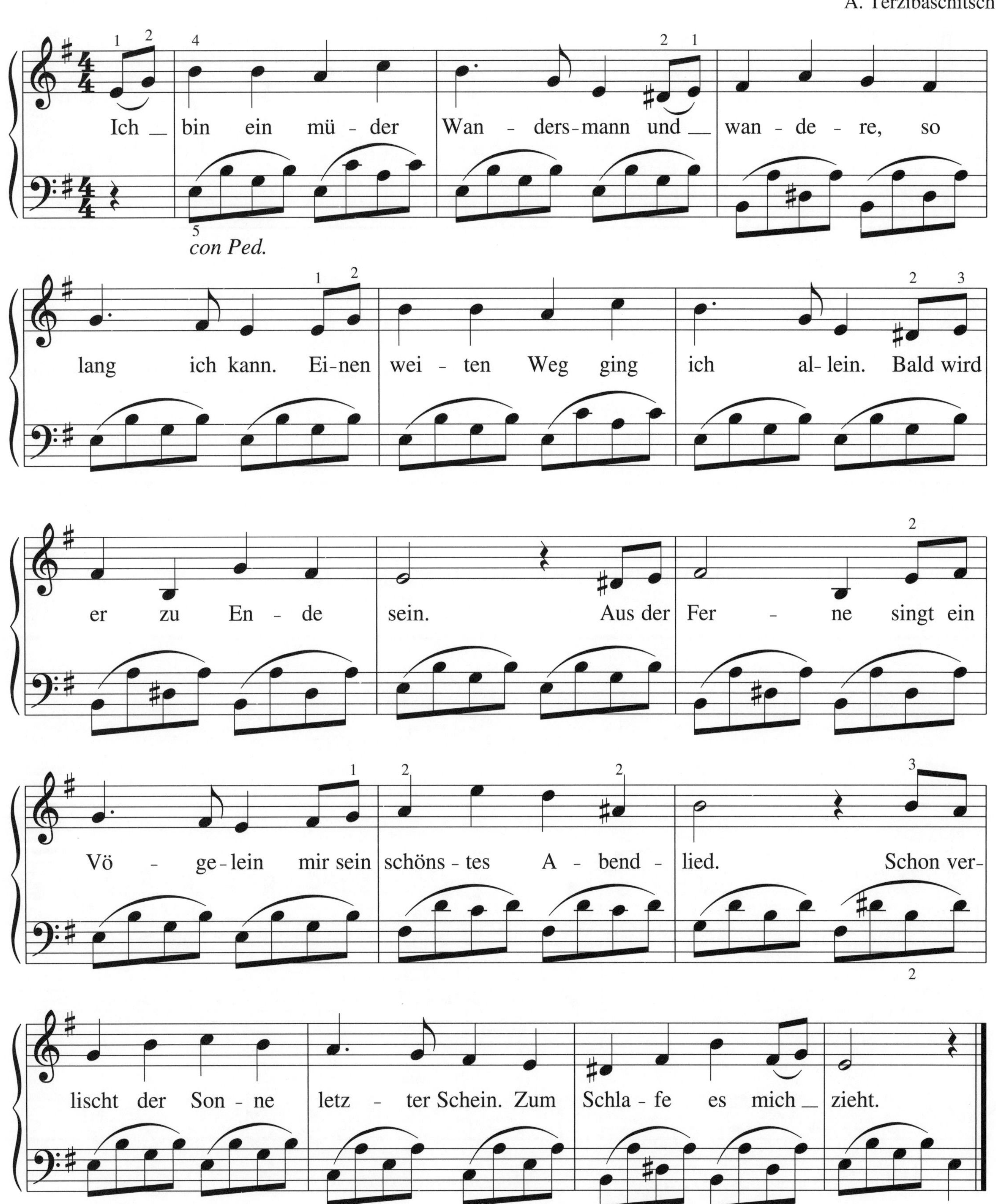

Es war eine Mutter, die hatte vier Kinder

Volksweise

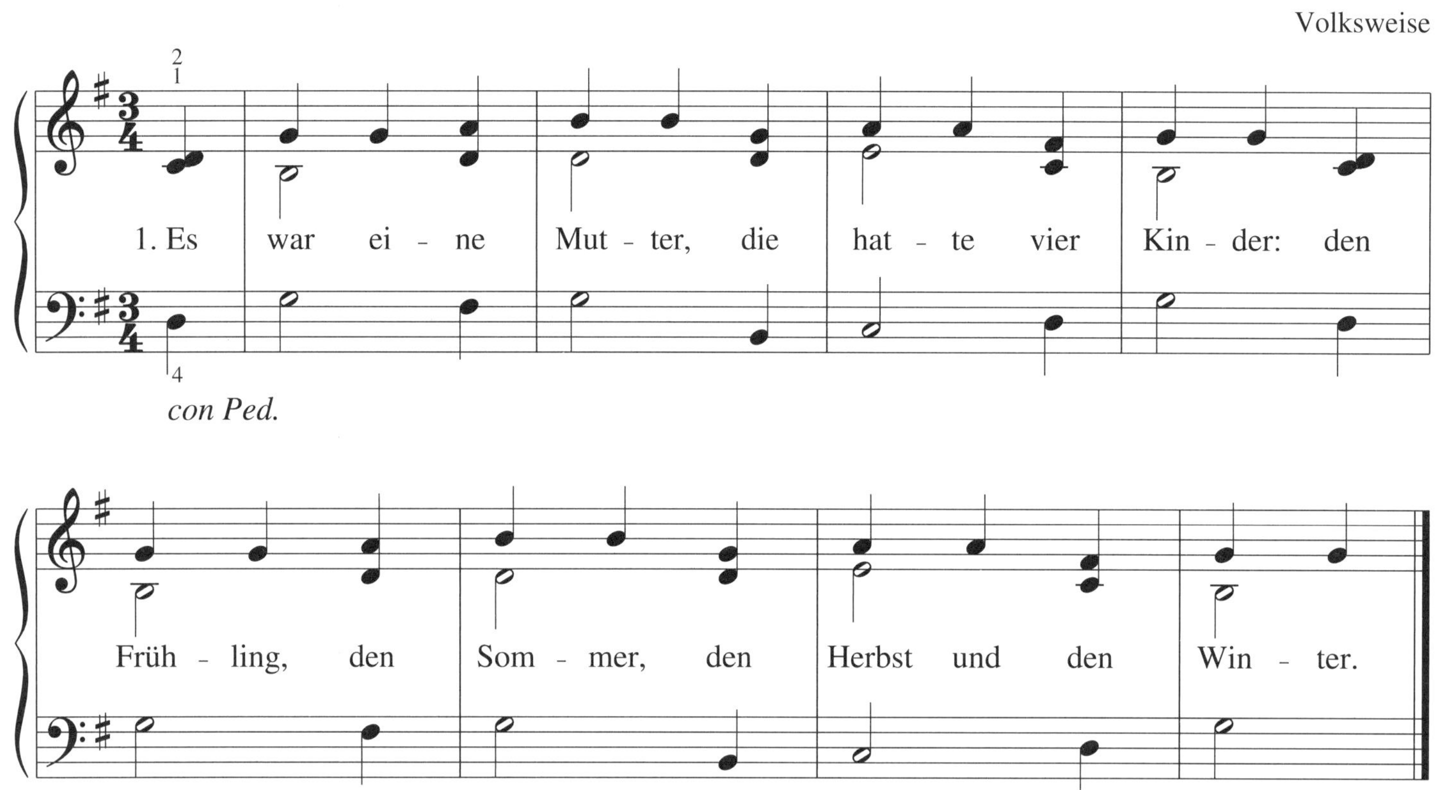

2. Der Frühling bringt Blumen, der Sommer den Klee,
der Herbst bringt die Trauben, der Winter den Schnee.

Im Frühtau zu Berge

nach einem schwedischen Volkslied

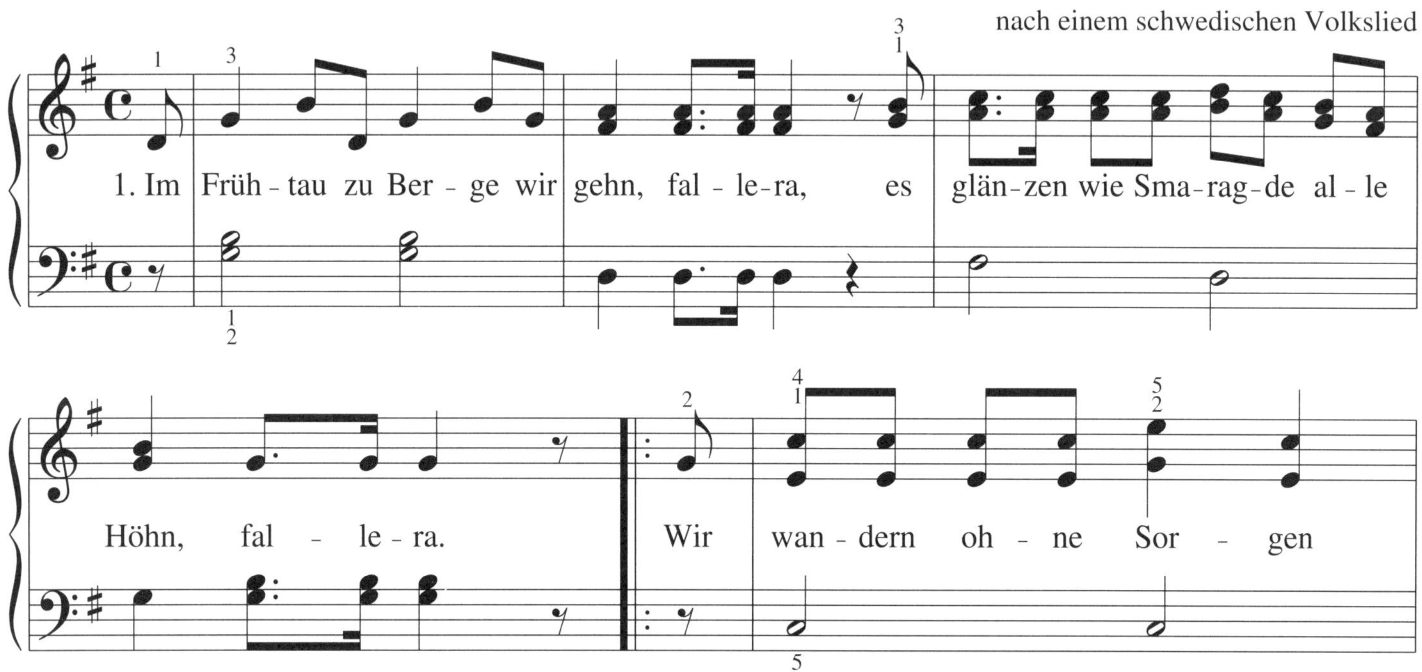

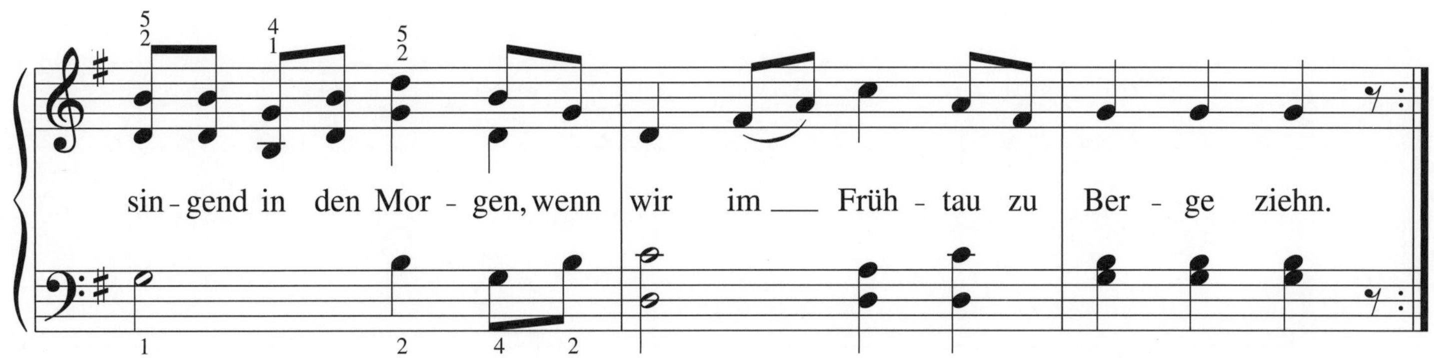

2. Ihr alten und hochweisen Leut, fallera,
ihr denkt wohl, wir wären nicht gescheit, fallera.
Wer wollte aber singen,
wenn wir schon Grillen fingen
in dieser herrlichen Frühlingszeit.

3. Werft ab alle Sorgen und Qual, fallera,
und wandert mit uns aus dem Tal, fallera.
Wir sind hinausgegangen,
den Sonnenschein zu fangen.
Kommt mit und versucht es doch auch einmal.

Zogen einst fünf wilde Schwäne

Volkslied aus Litauen

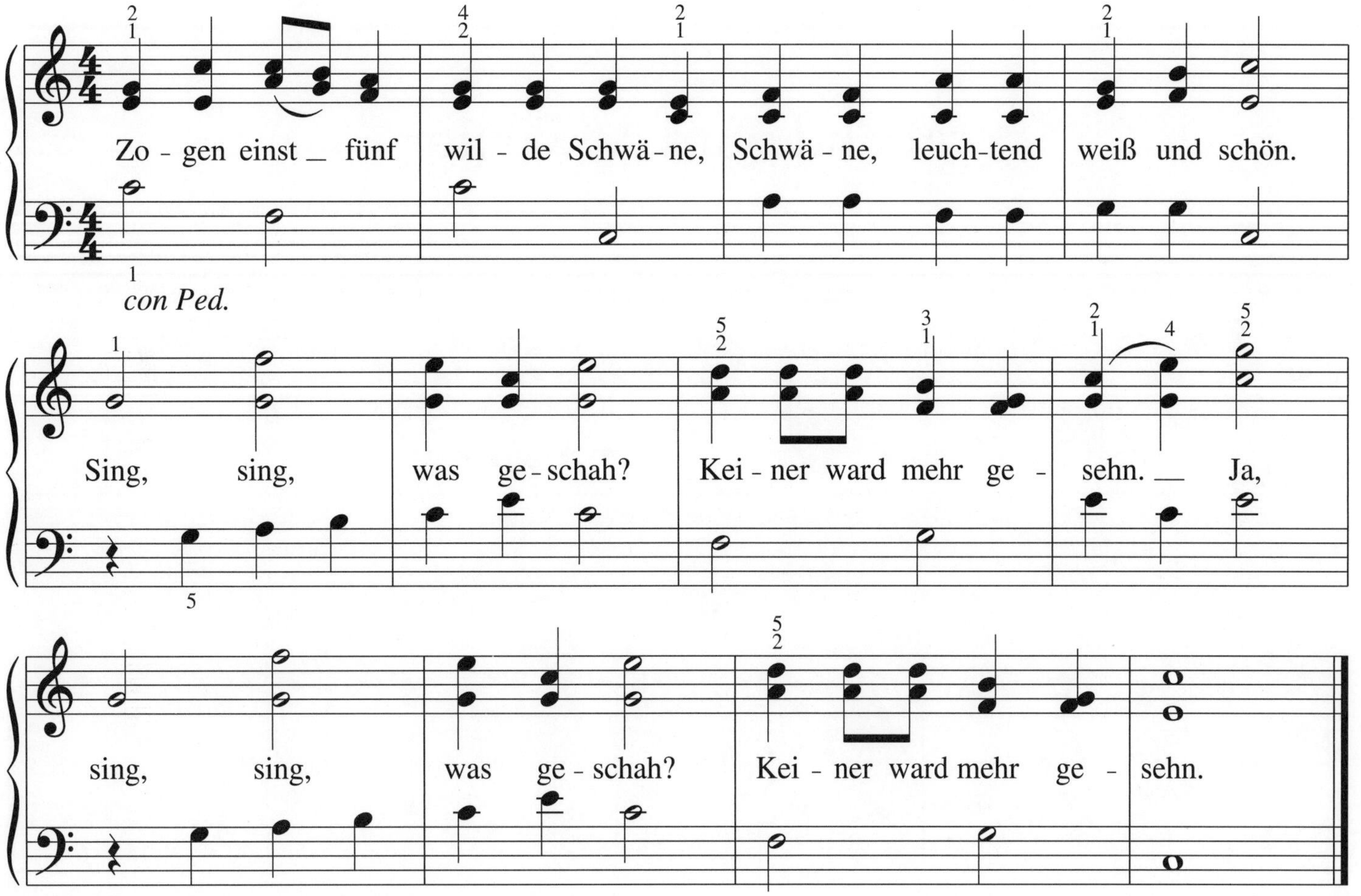

Zo - gen einst fünf wil - de Schwä - ne, Schwä - ne, leuch-tend weiß und schön.

con Ped.

Sing, sing, was ge - schah? Kei - ner ward mehr ge - sehn. Ja,

sing, sing, was ge - schah? Kei - ner ward mehr ge - sehn.

Kommt ein Reiflein in der Nacht

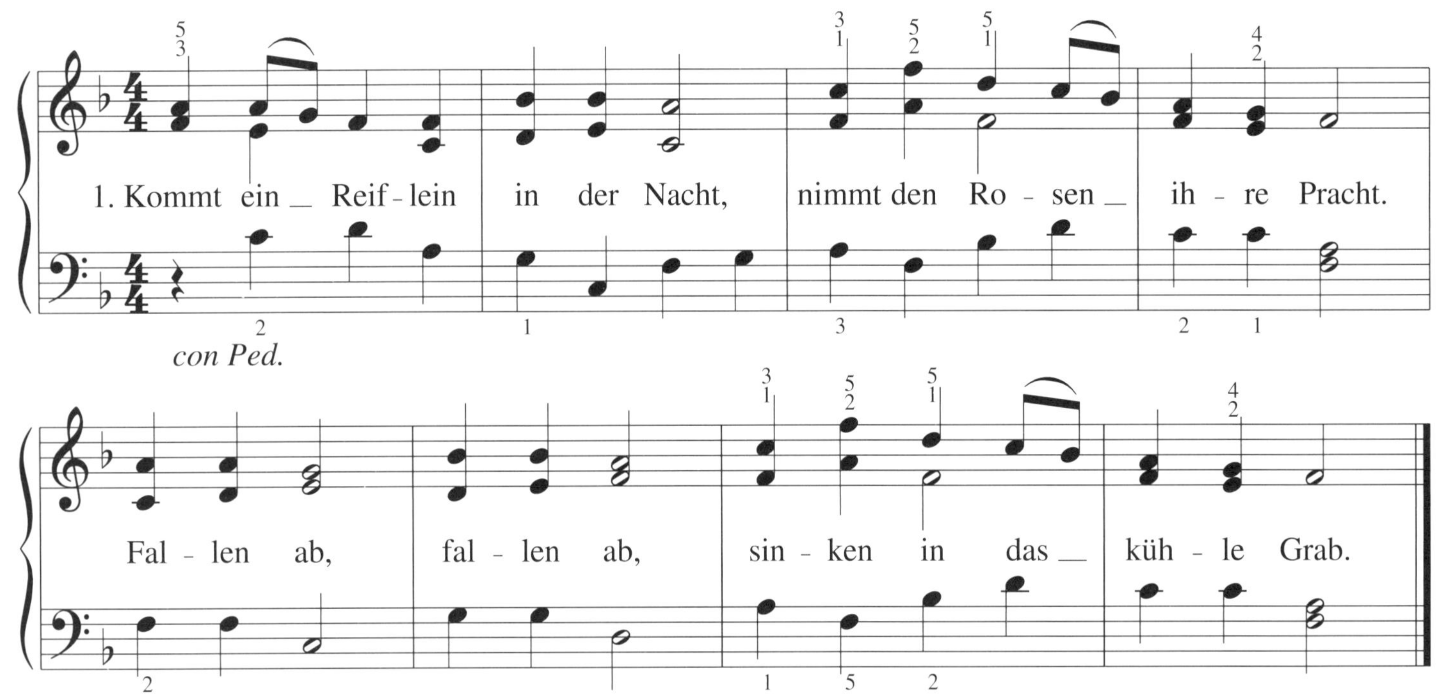

2. Deine Schönheit wird vergehn,
wie die Rosen im Garten stehn.
Fallen ab, fallen ab,
sinken in das kühle Grab.

3. In der Erde schläft nun still,
was im Frühjahr blühen will.
Ruhe aus, ruhe aus,
schlafe still im dunklen Haus.

Abend wird es wieder

Musik: Christian Heinrich Rinck
Text: Hoffmann von Fallersleben

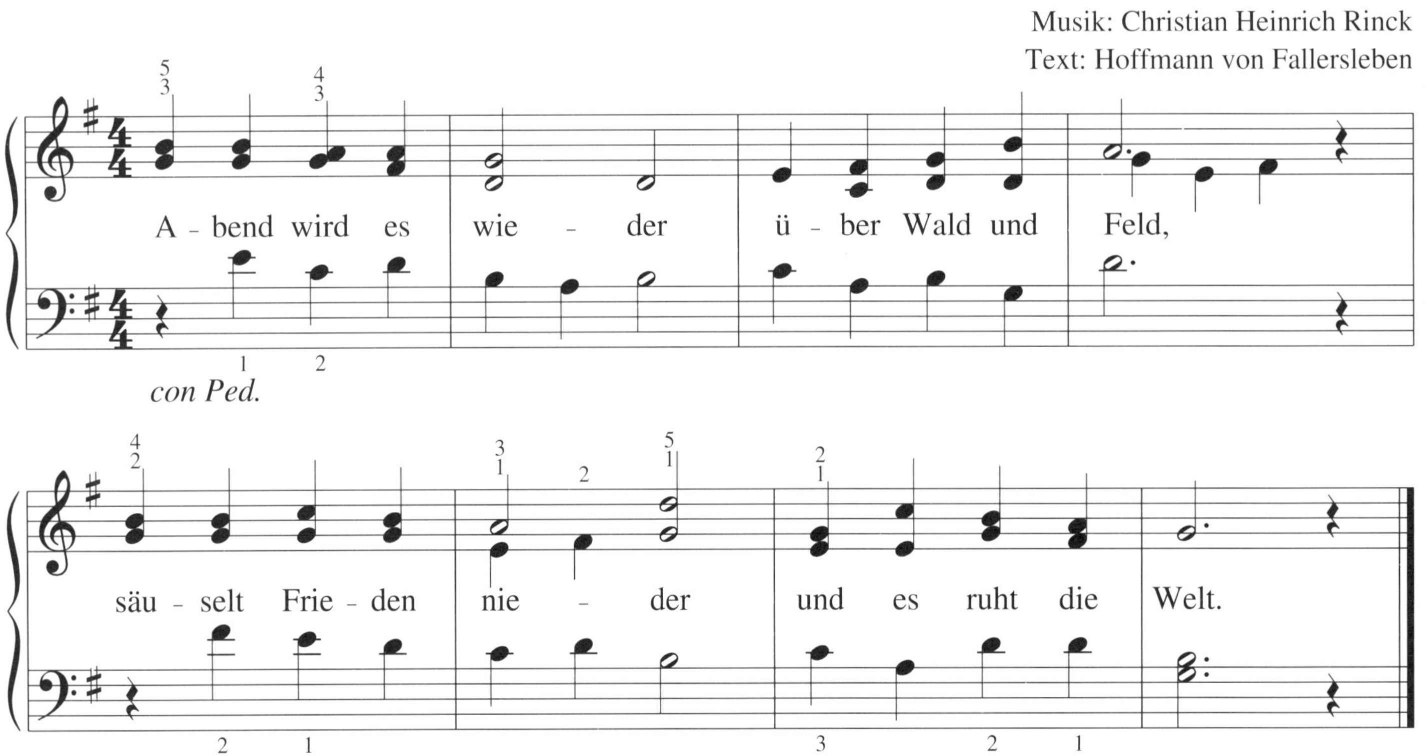

Die Blümelein, sie schlafen

Melodie: A.W. Florentin von Zuccalmaglio
Text: Friedrich von Spee

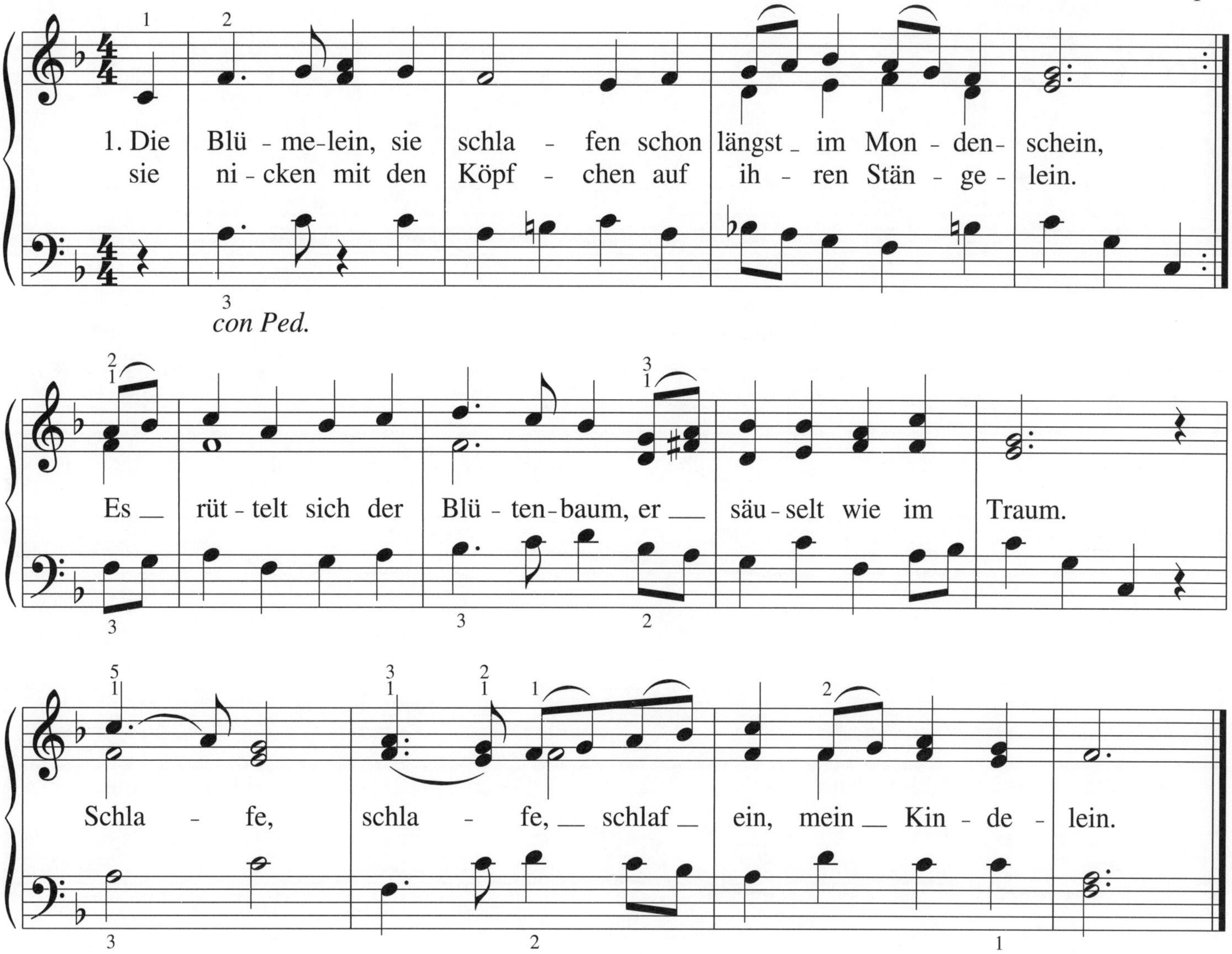

1 2

1. Die Blü - me-lein, sie schla - fen schon längst _ im Mon - den- schein,
sie ni - cken mit den Köpf - chen auf ih - ren Stän - ge - lein.

3
con Ped.

2 1 3 1

Es _ rüt - telt sich der Blü - ten-baum, er _ säu - selt wie im Traum.

3 3 2

5 1 3 1 2 1 1 2

Schla - fe, schla - fe, _ schlaf _ ein, mein _ Kin - de - lein.

3 2 1

2. Die Vögelein, sie sangen
so süß im Sonnenschein,
sie sind zur Ruh gegangen
in ihre Nestchen klein.
Das Heimchen in dem Ährengrund,
es tut allein sich kund.
Schlafe, schlafe, schlaf ein,
mein Kindelein.

3. Sandmännchen kommt geschlichen
und guckt durchs Fensterlein,
ob irgendwo ein Liebchen
nicht mag zu Bette sein,
und wo er noch ein Kindchen fand,
streut er ins Aug ihm Sand.
Schlafe, schlafe, schlaf ein,
mein Kindelein.

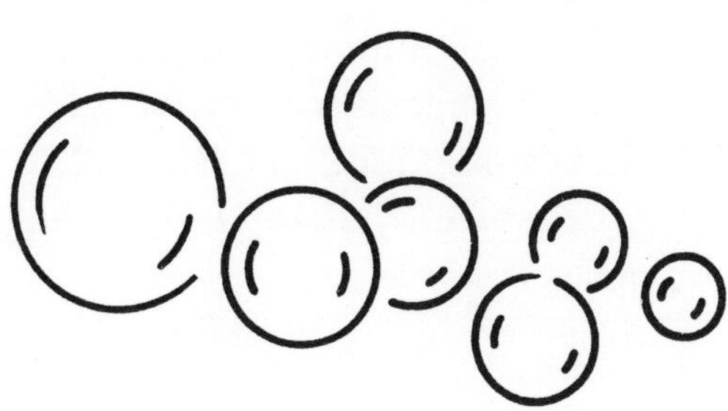

An der Saale hellem Strande

Melodie: Friedrich Ernst Fesca
Text: Franz Kugler (1808–1858)

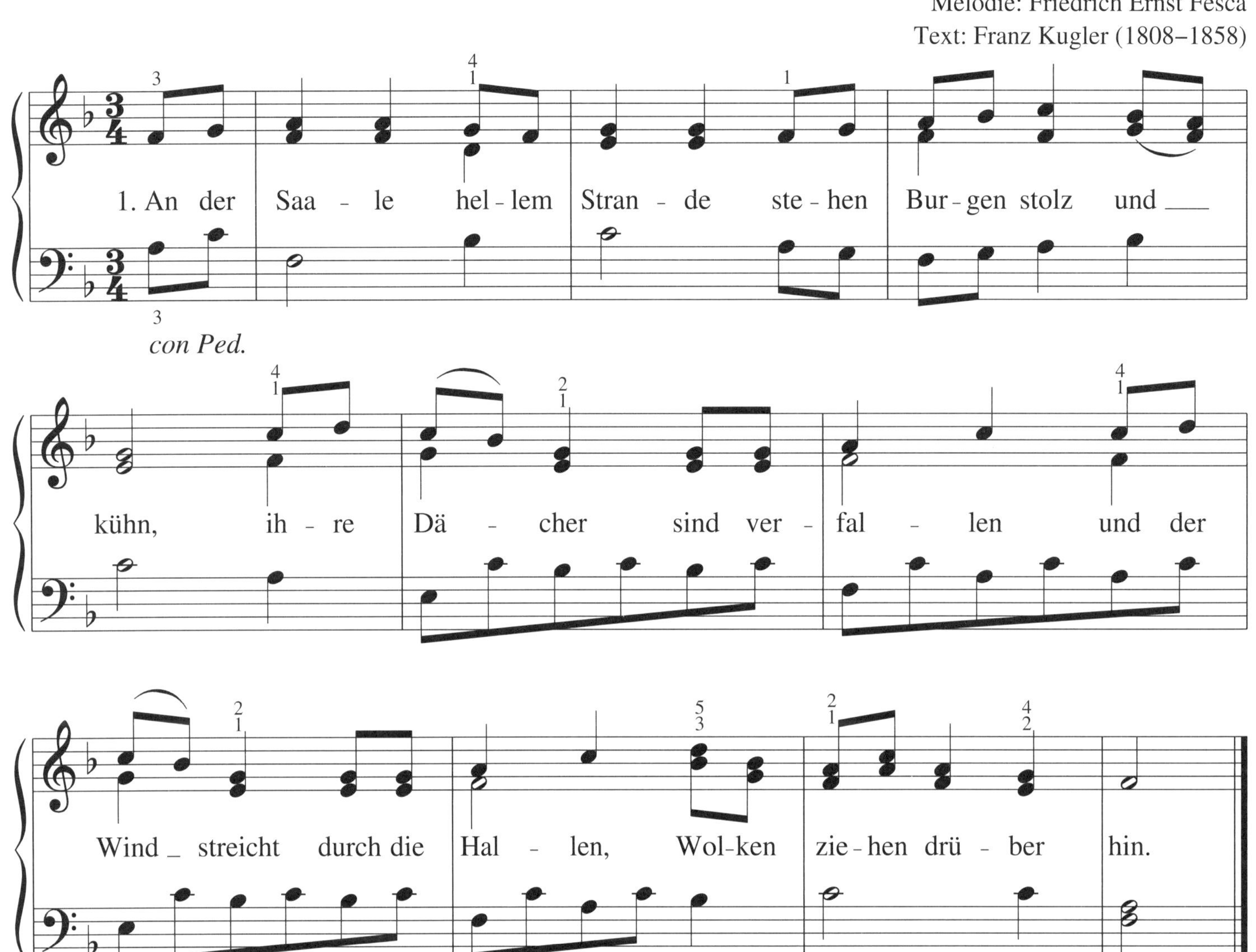

2. Zwar die Ritter sind verschwunden,
nimmer klingen Speer und Schild;
doch dem Wandersmann erscheinen
in den altbemoosten Steinen
oft Gestalten zart und mild.

3. Droben winken schöne Augen,
freundlich lacht manch roter Mund;
Wandrer schaut wohl in die Ferne,
schaut in holder Augen Sterne,
Herz ist heiter und gesund.

4. Und der Wandrer zieht von dannen,
denn die Trennungsstunde ruft;
und er singet Abschiedslieder,
Lebewohl tönt ihm hernieder,
Tücher wehen in die Luft.

Weißt du, wieviel Sternlein stehen

Text: Wilhelm Hey

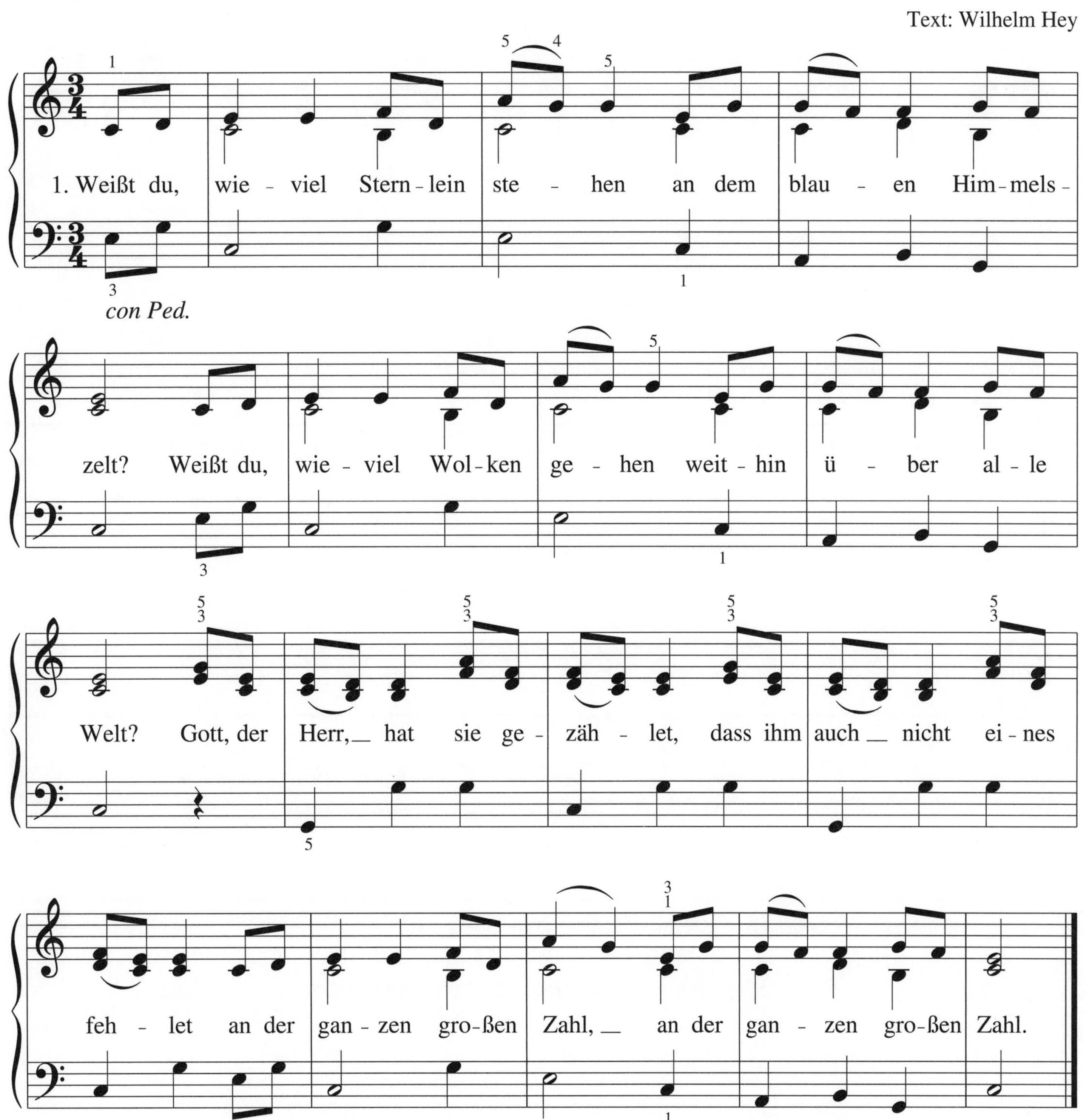

2. Weißt du, wieviel Mücklein spielen
in der heißen Sonnenglut,
wieviel Fischlein auch sich kühlen
in der hellen Wasserflut?
Gott, der Herr, rief sie mit Namen,
dass sie all ins Leben kamen,
dass sie nun so fröhlich sind,
dass sie nun so fröhlich sind.

3. Weißt du, wieviel Kinder frühe
stehn aus ihren Bettlein auf,
dass sie ohne Sorg und Mühe
fröhlich sind im Tageslauf?
Gott im Himmel hat an allen
seine Lust, sein Wohlgefallen,
kennt auch dich und hat dich lieb,
kennt auch dich und hat dich lieb.

Ade zur guten Nacht

Volksweise

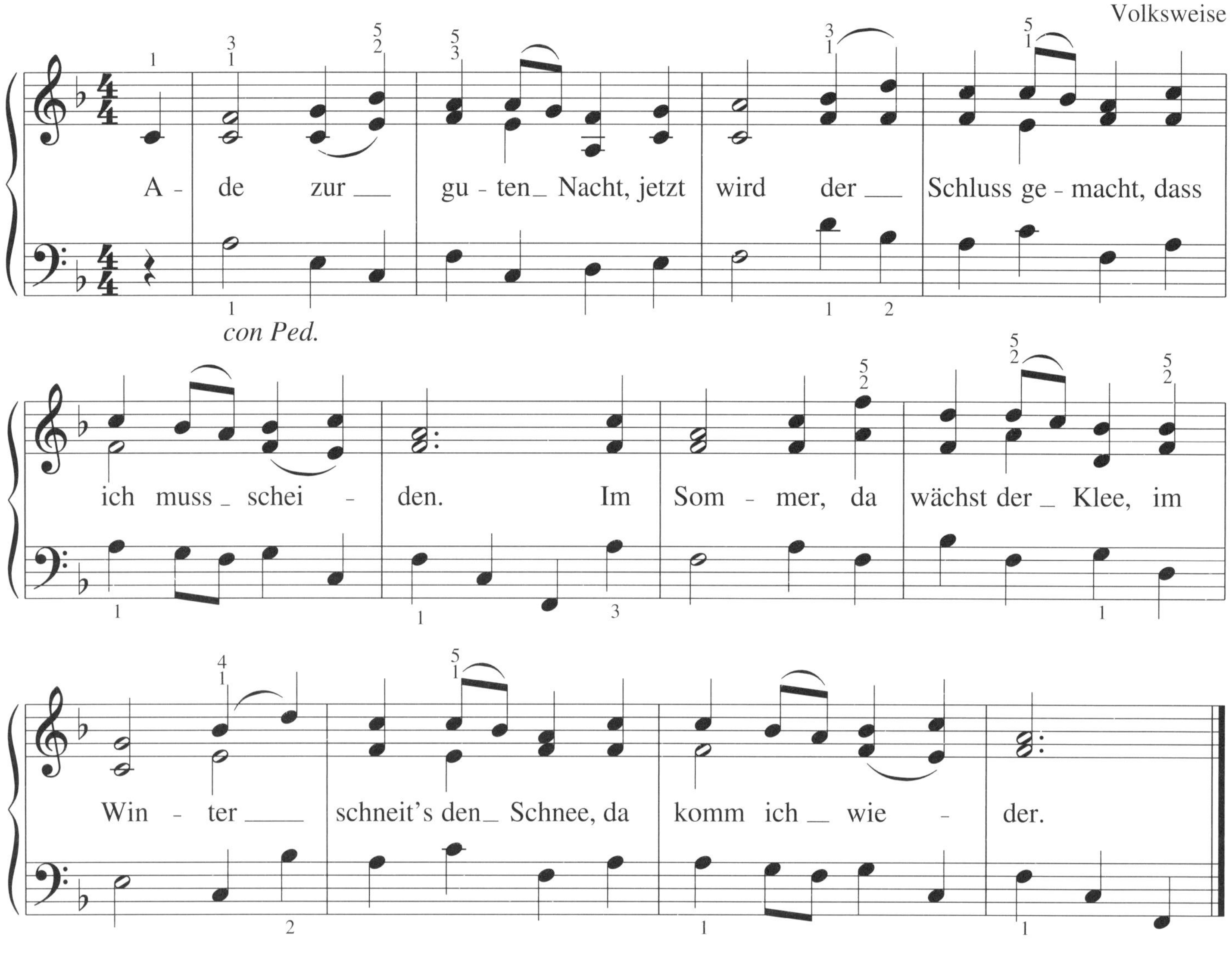

A - de zur ___ gu - ten _ Nacht, jetzt wird der ___ Schluss ge - macht, dass

con Ped.

ich muss _ schei - den. Im Som - mer, da wächst der _ Klee, im

Win - ter ___ schneit's den _ Schnee, da komm ich _ wie - der.

Der Winter ist vergangen

Melodie: um 1600

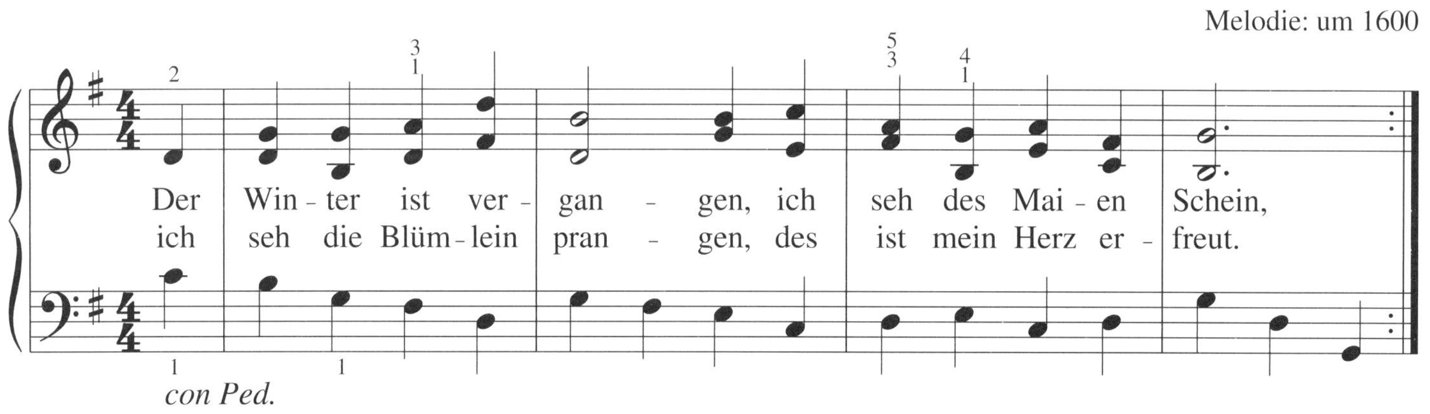

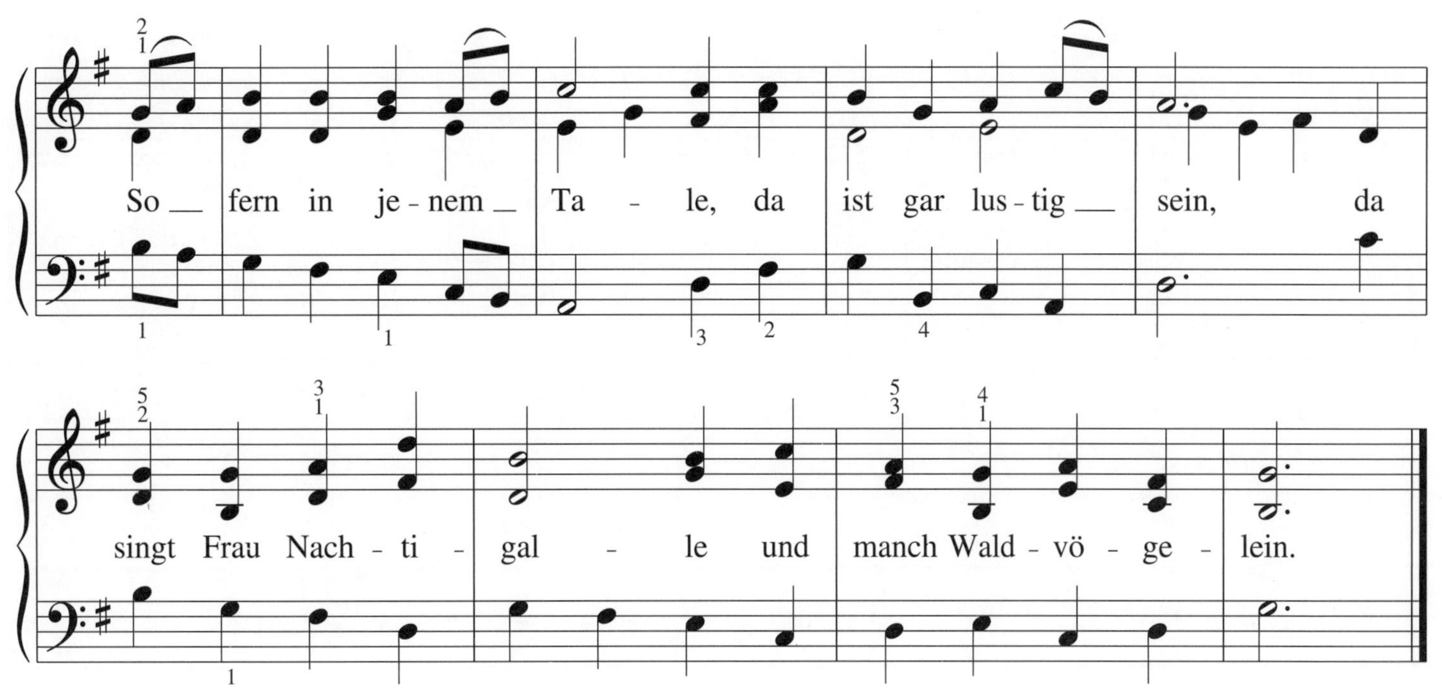

Nun sich der Tag geendet hat

Weise: Adam Krieger (1634–1666)

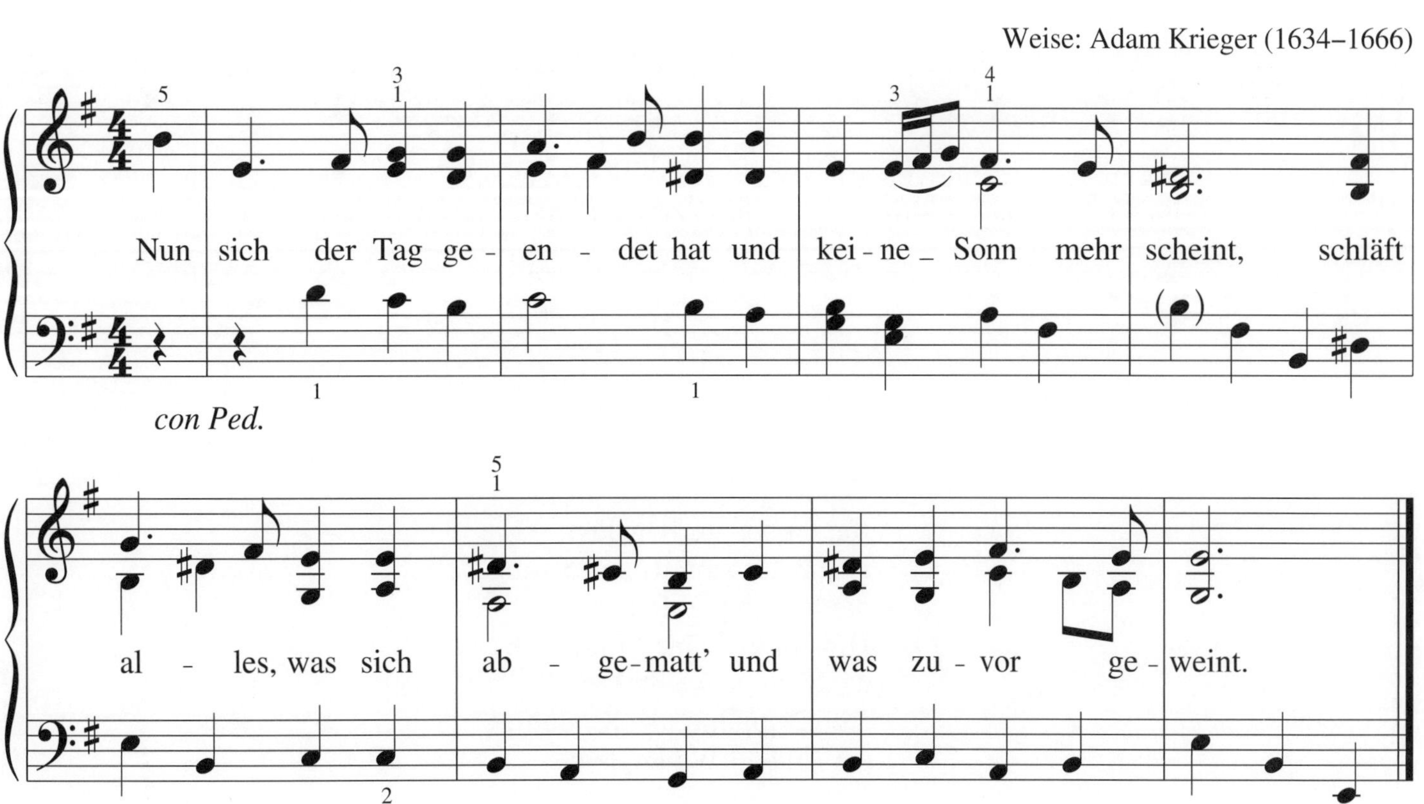

Nun will der Lenz uns grüßen

Text: nach Neidhart von Reuenthal

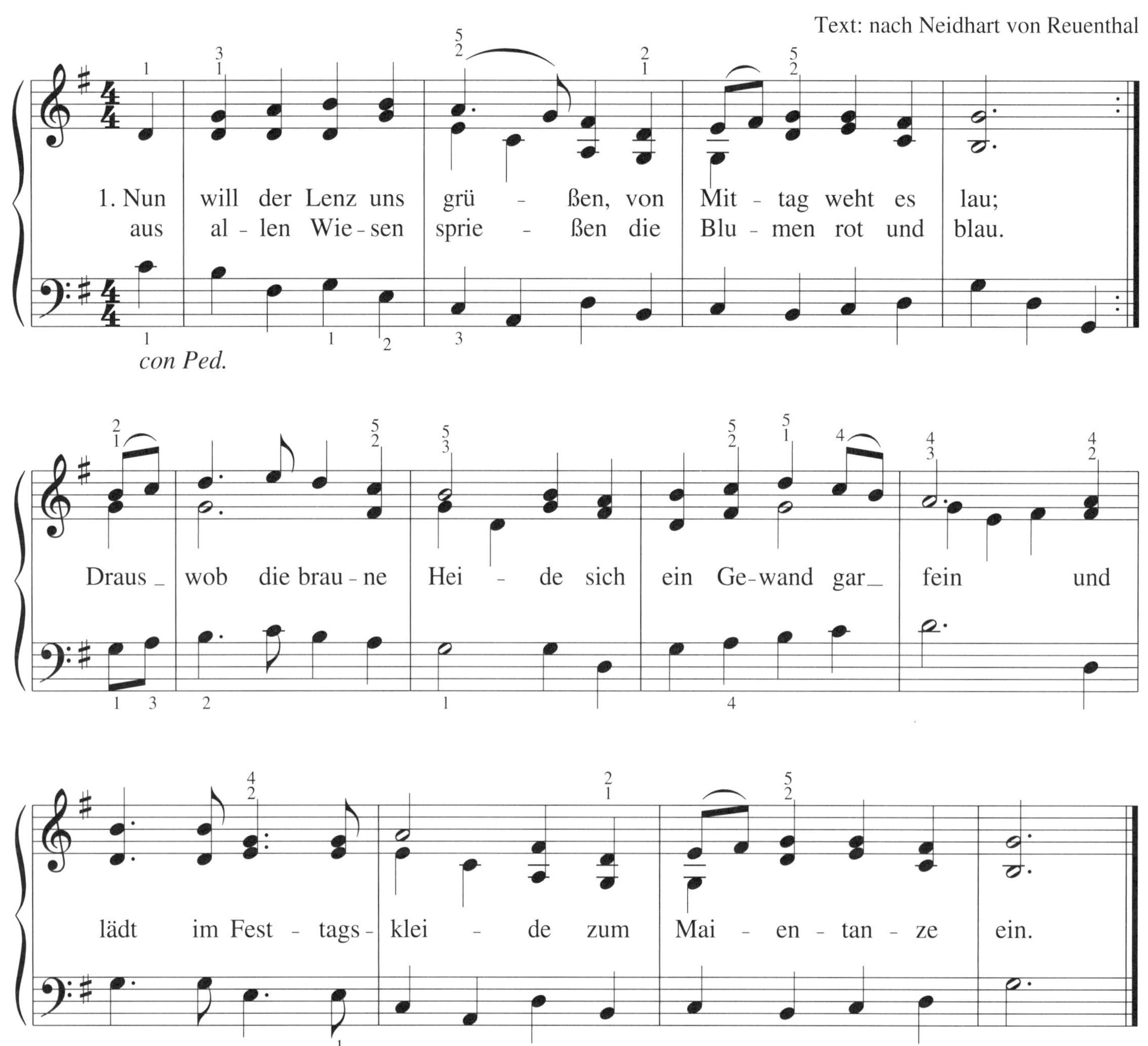

2. Waldvöglein Lieder singen,
wie ihr sie nur begehrt.
Drum auf zum frohen Springen,
die Reis' ist Goldes wert.
Hei, unter grünen Linden,
da leuchten weiße Kleid'!
Heija, nun hat uns Kinden
ein End all Wintersleid.

Grüß Gott, du schöner Maien

Volksweise

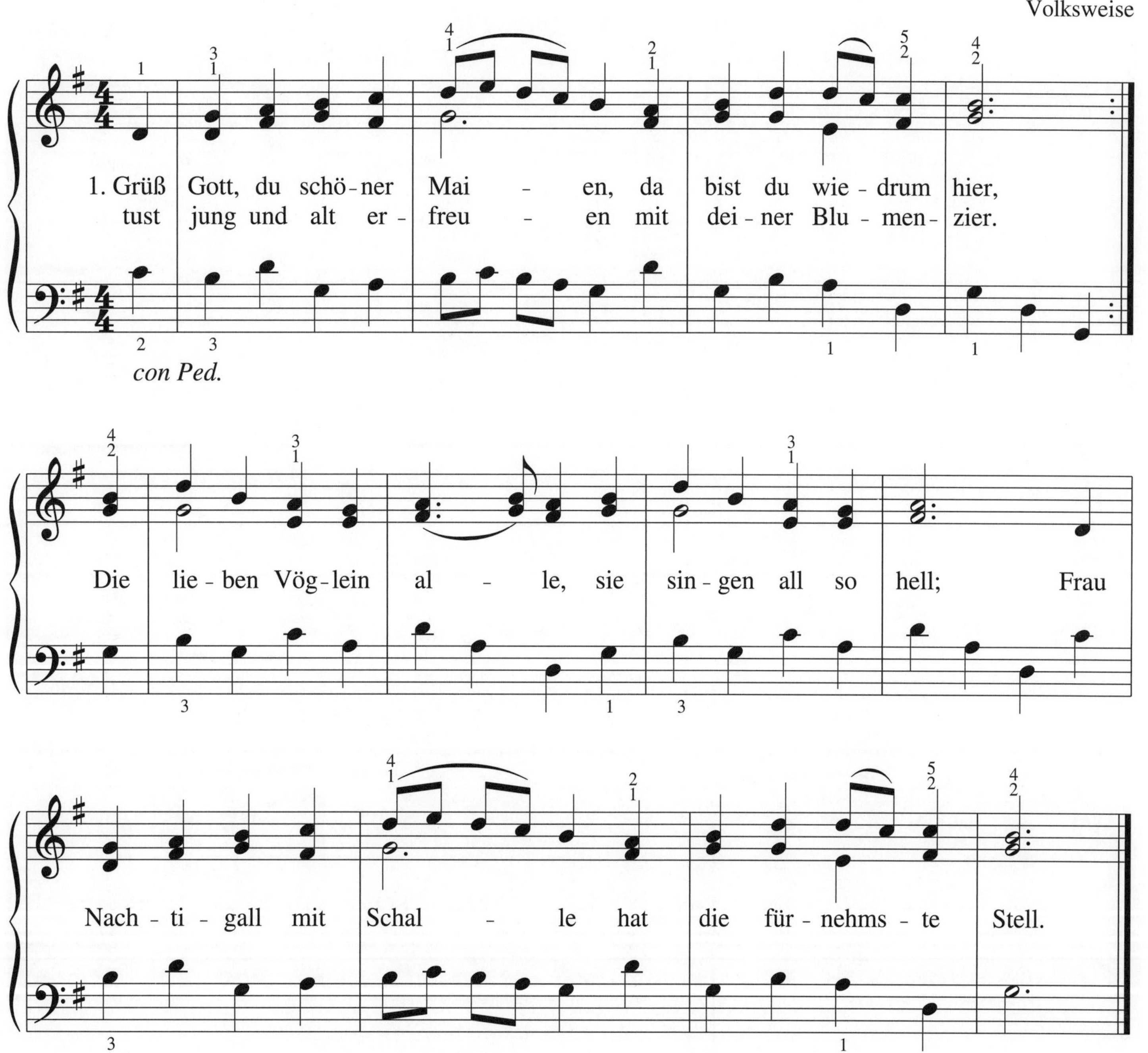

2. Die kalten Wind' verstummen,
der Himmel ist gar blau;
die lieben Bienlein summen
daher auf grüner Au.
O holde Lust im Maien,
da alles neu erblüht,
du kannst mir sehr erfreuen
mein Herz und mein Gemüt.

Es waren zwei Königskinder

aus Westfalen

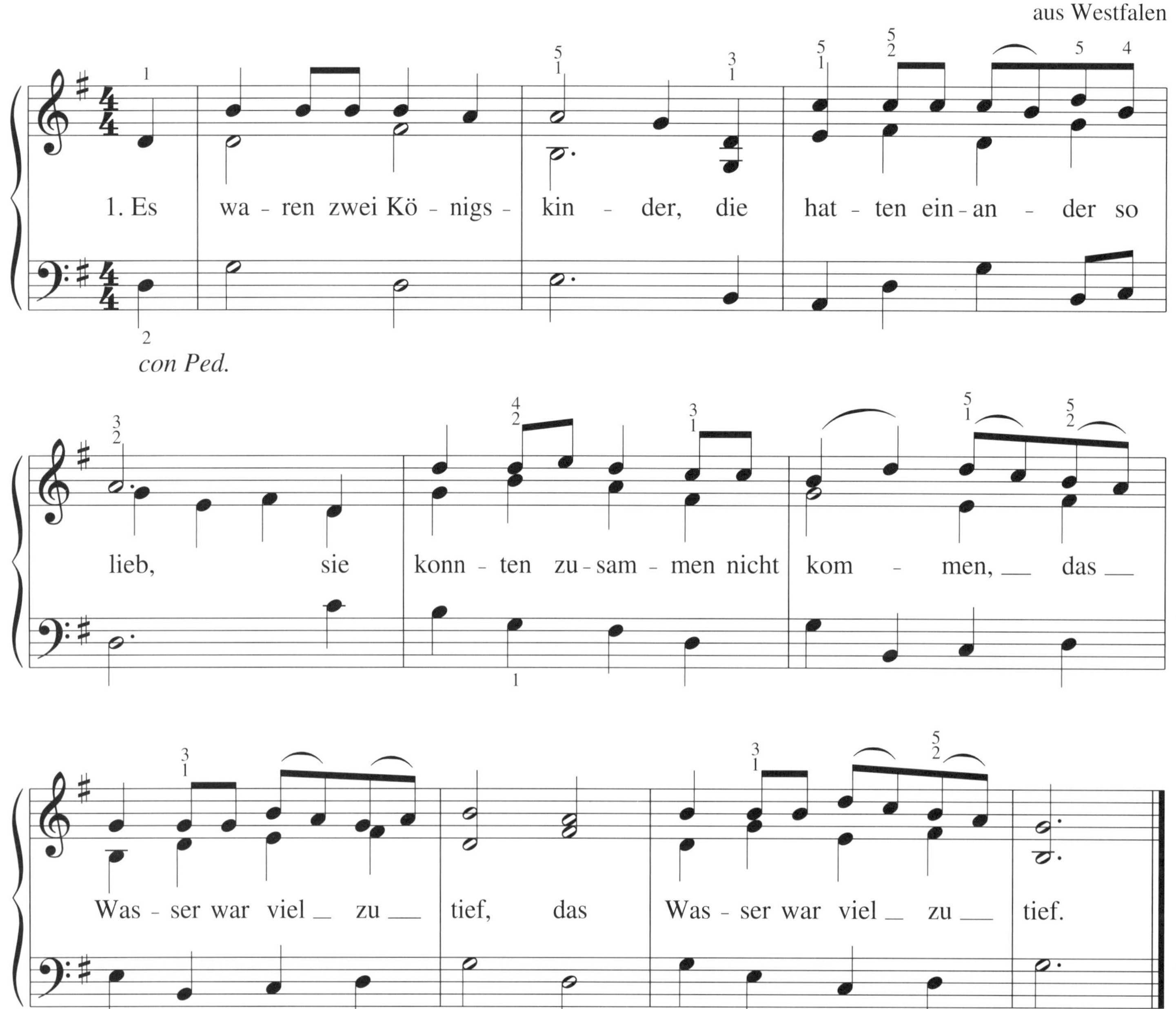

2. „Ach Liebster, könntest du schwimmen,
so schwimm doch herüber zu mir!
Drei Kerzen will ich anzünden,
die sollen leuchten dir,
die sollen leuchten dir.“

3. Das hört eine falsche Nonne,
die tat, als wenn sie schlief;
sie tat die Kerzlein auslöschen,
der Jüngling ertrank so tief,
der Jüngling ertrank so tief.

4. „Ach Fischer, liebster Fischer,
willst du verdienen groß Lohn?
So wirf dein Netz ins Wasser
und fisch mir den Königssohn,
und fisch mir den Königssohn!“

5. Er warf das Netz ins Wasser,
es ging bis auf den Grund;
er fischte und fischte so lange,
bis er den Königssohn fand,
bis er den Königssohn fand.

Die traurige Prinzessin

Lied ohne Worte

Satz:
A. Terzibaschitsch

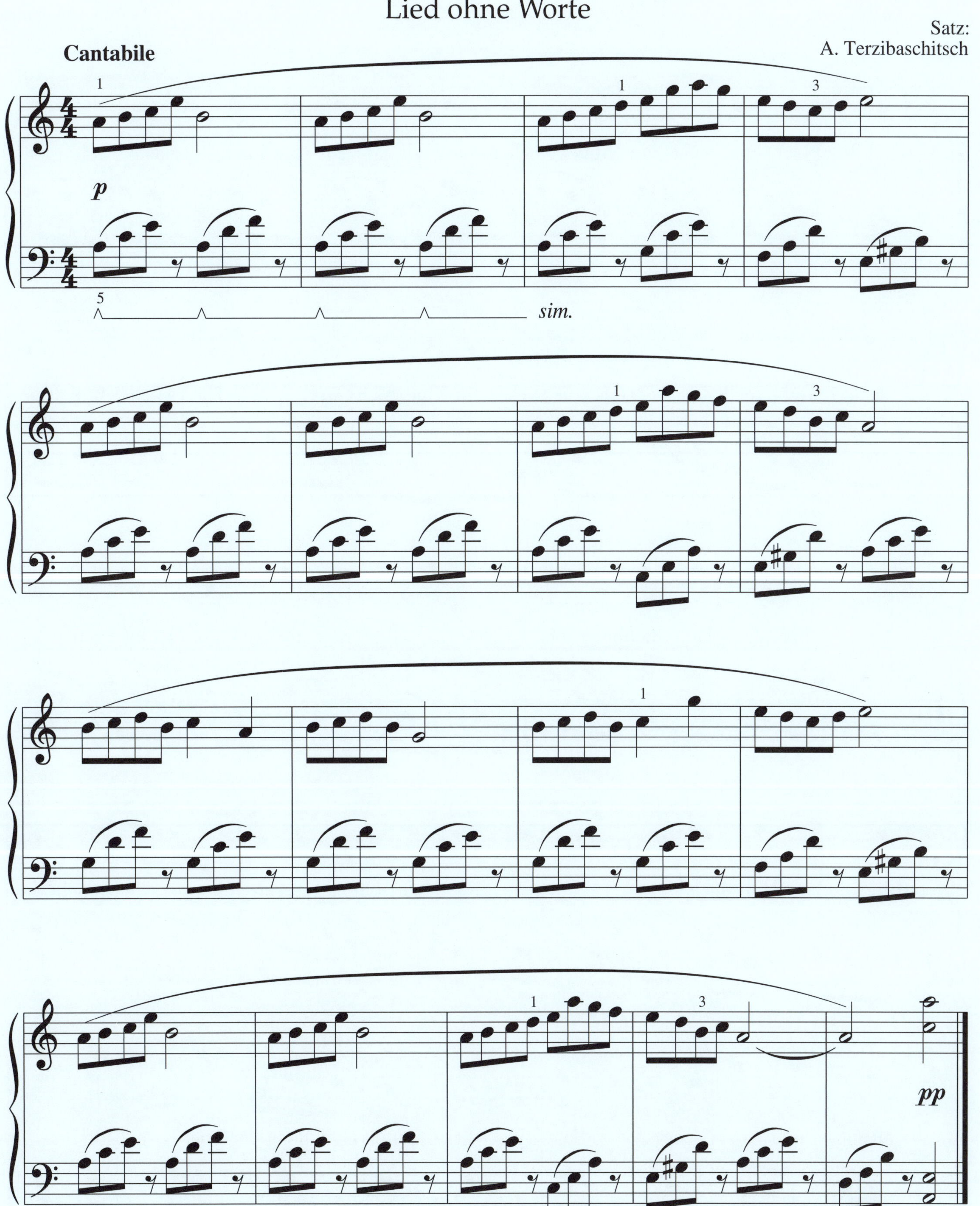

Im Garten

Text und Melodie:
A. Terzibaschitsch

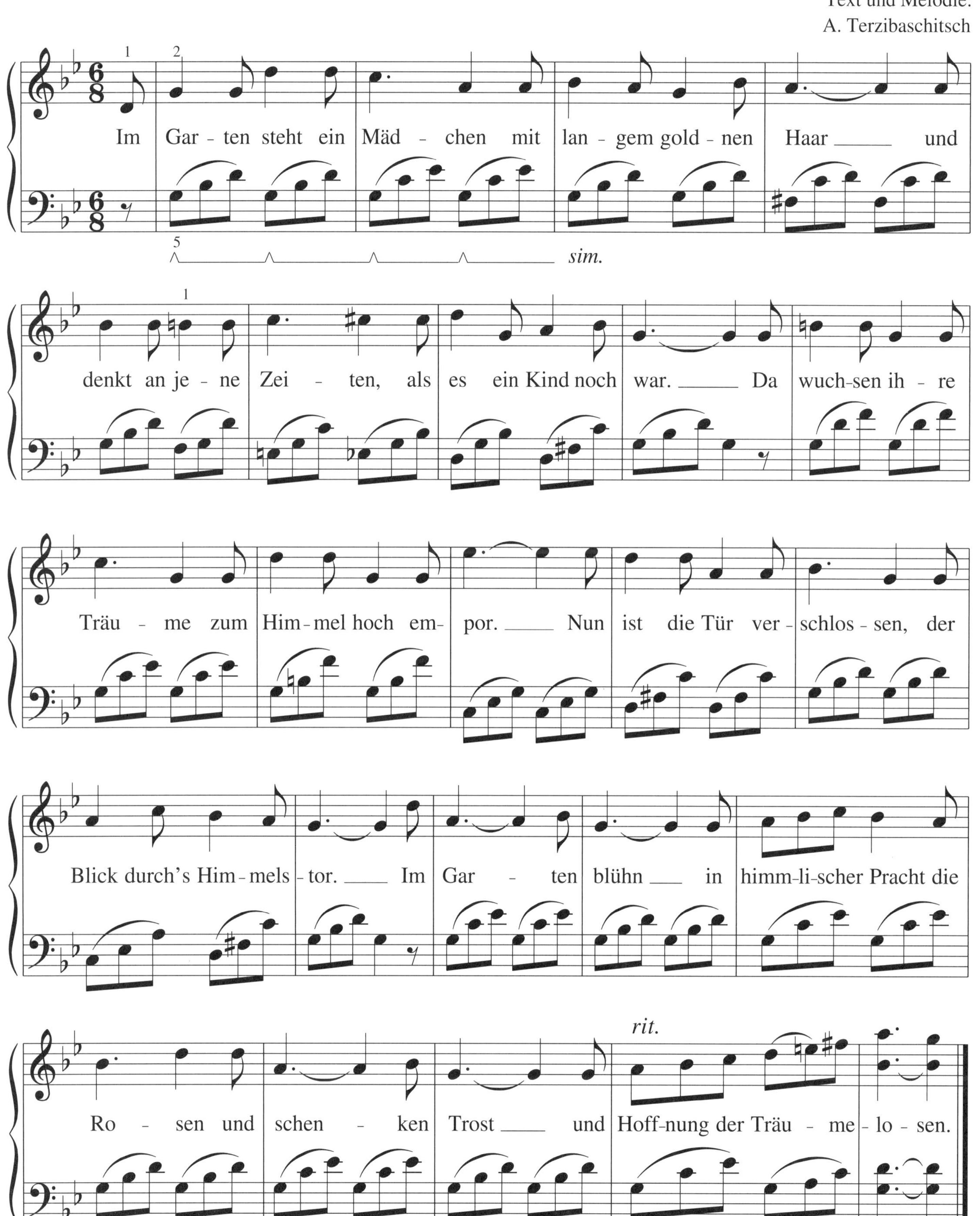

Nachtgebet

Text und Melodie:
A. Terzibaschitsch

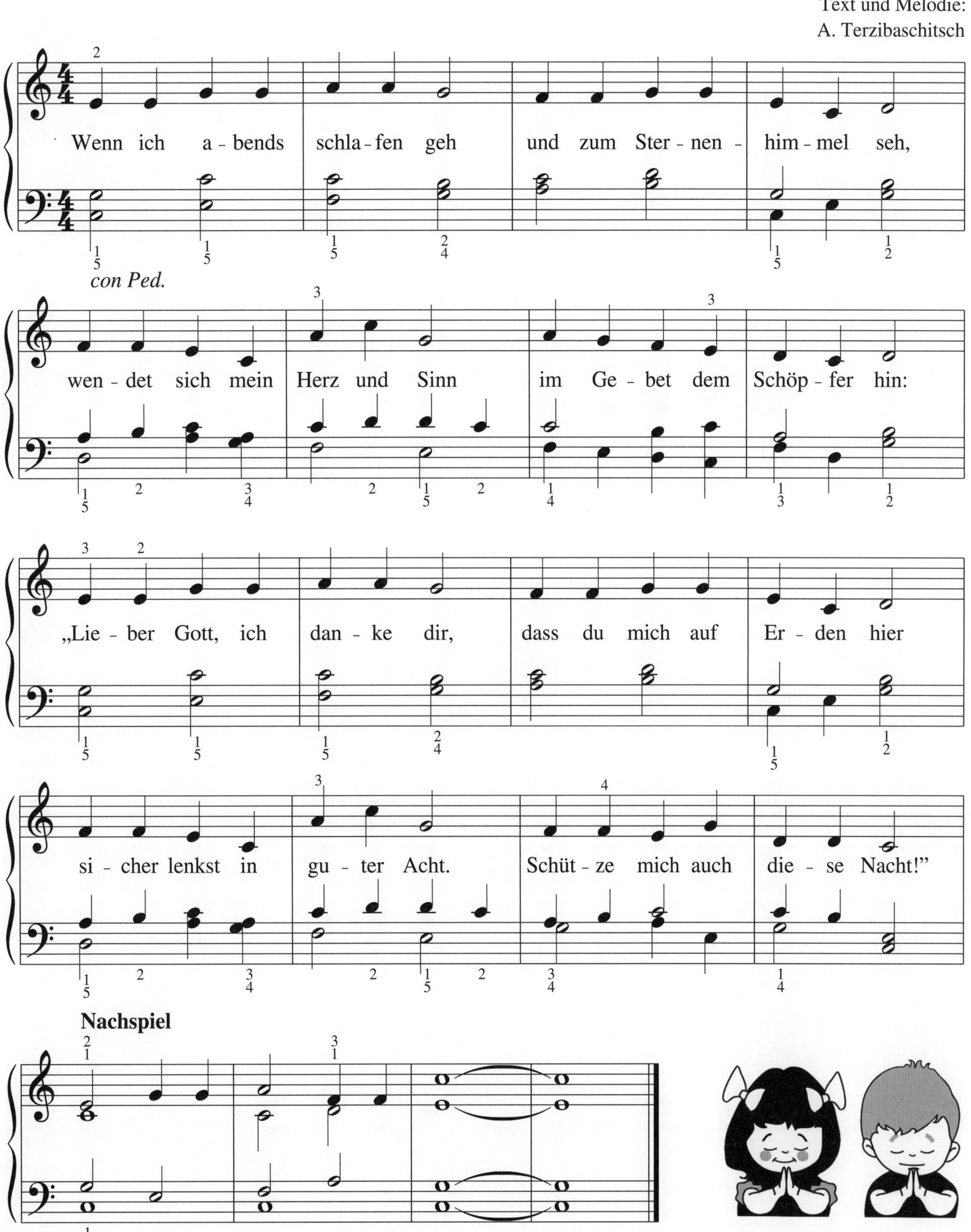

Summ, summ, summ

Secondo

Text: Hoffmann von Fallersleben

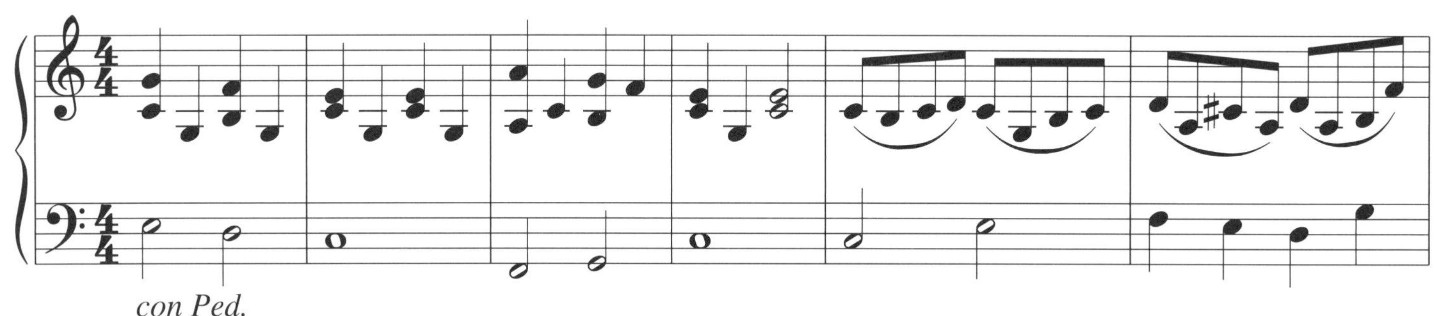

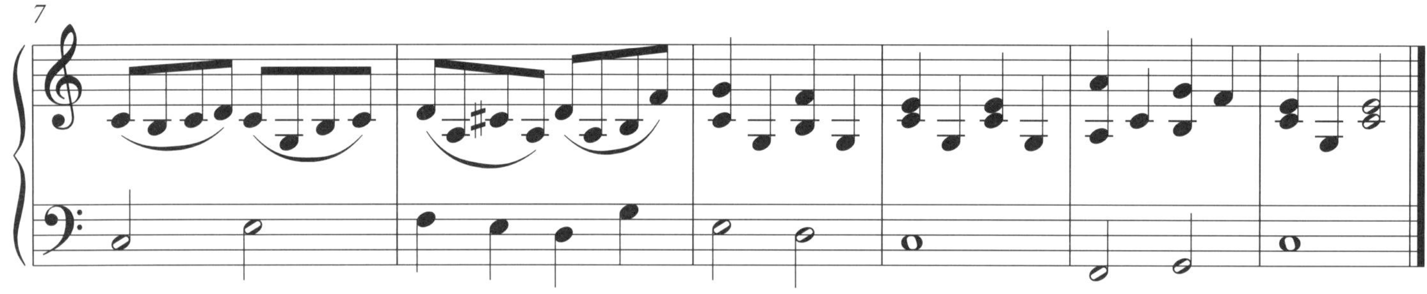

Steht ein Stern

Secondo

Text und Melodie:
A. Terzibaschitsch

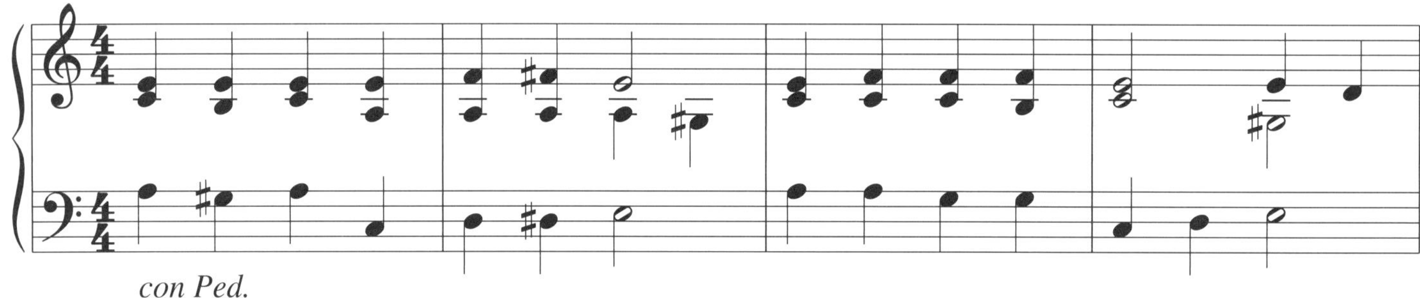

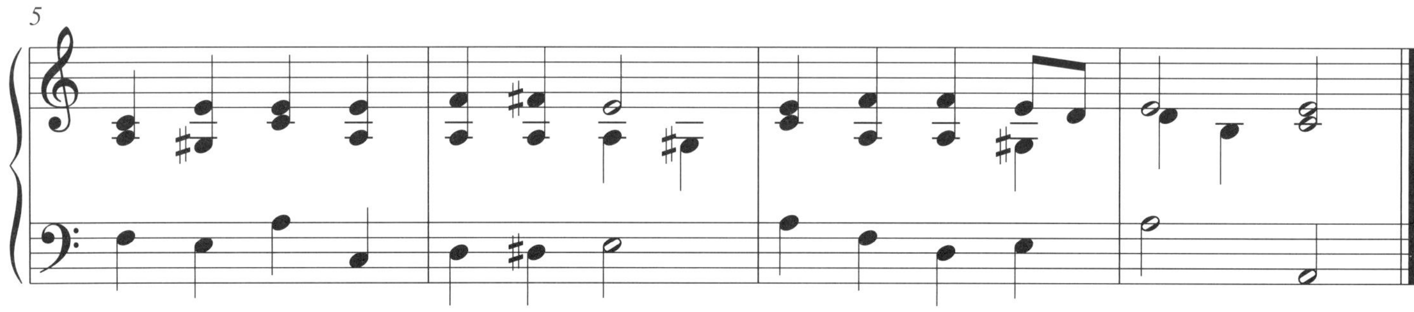

Summm, summ, summ

Primo

Text: Hoffmann von Fallersleben

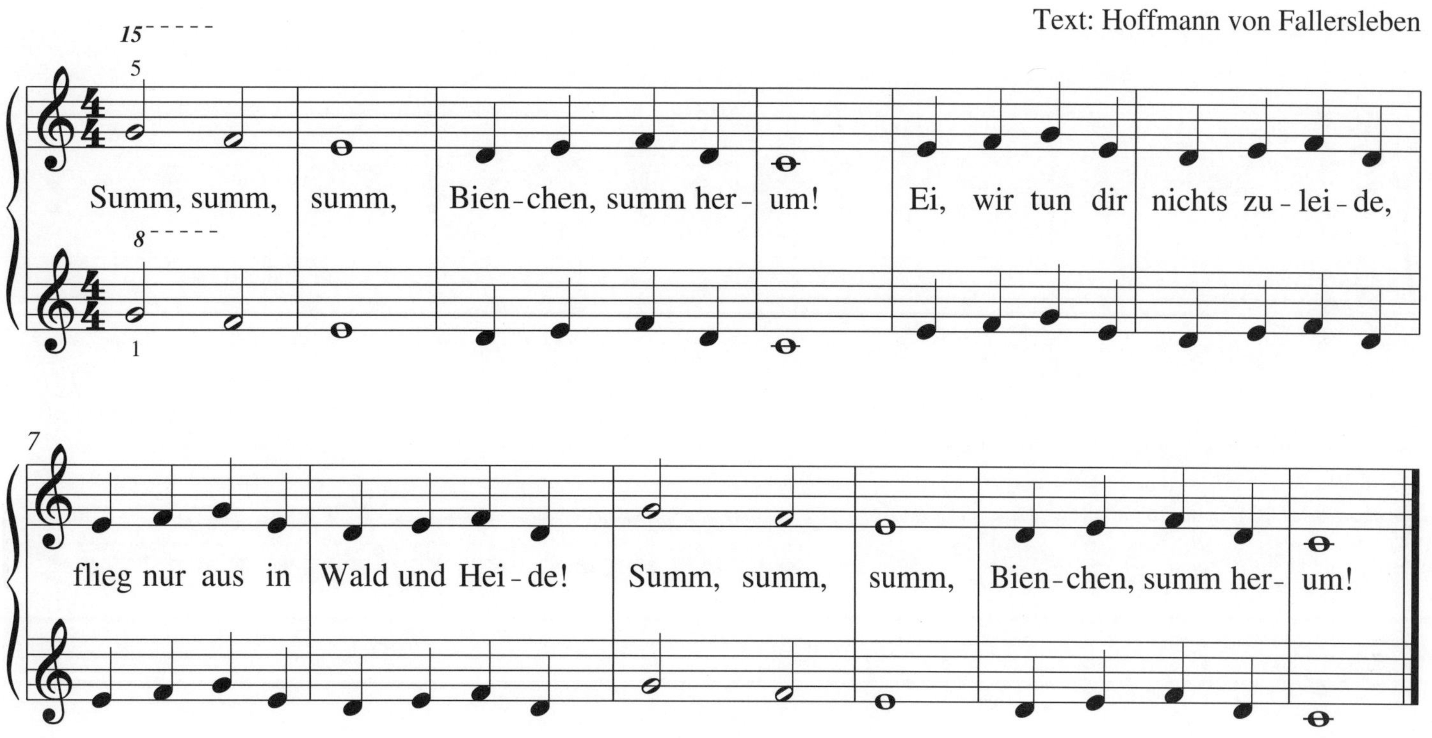

Steht ein Stern

Primo

Text und Melodie:
A. Terzibaschitsch

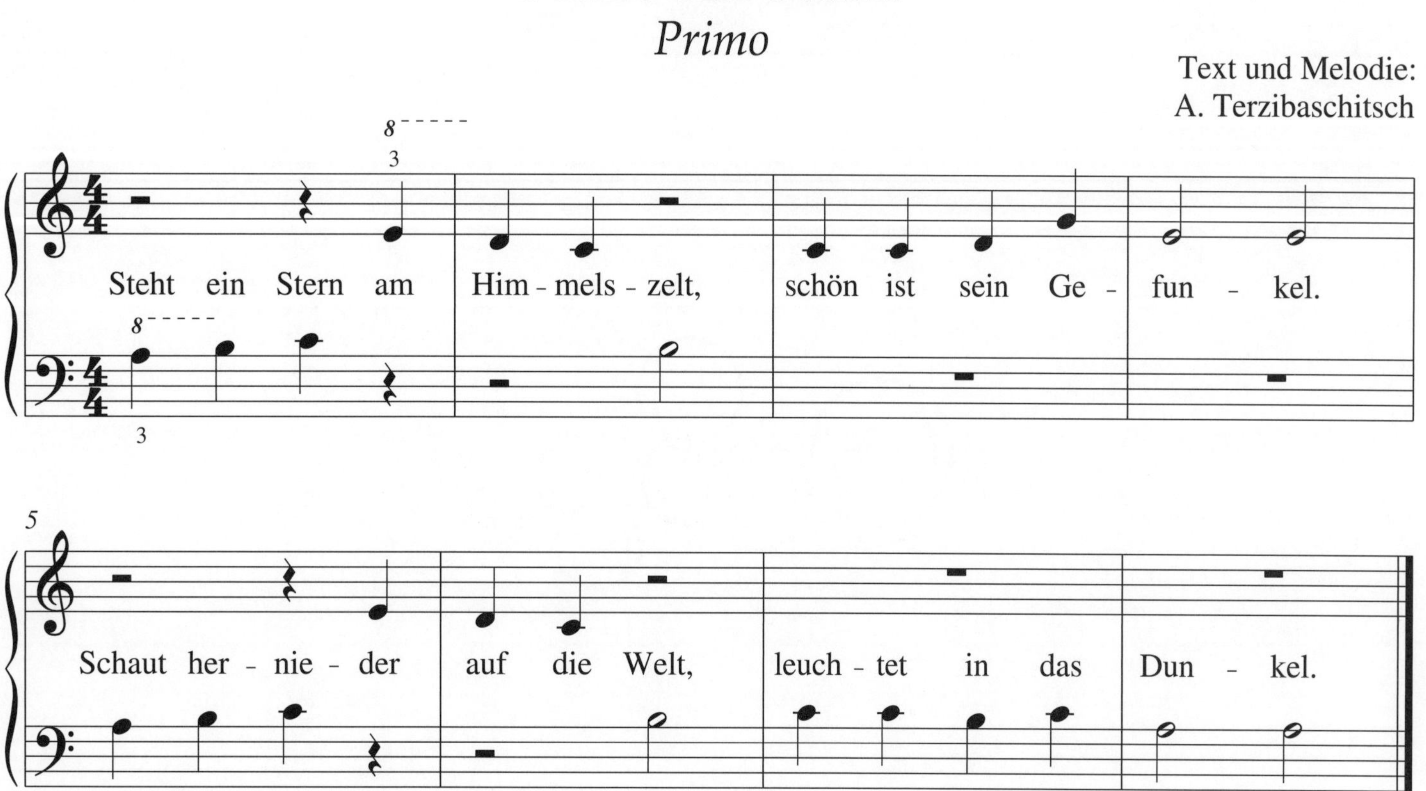

Hänschen klein

Secondo

Volksweise

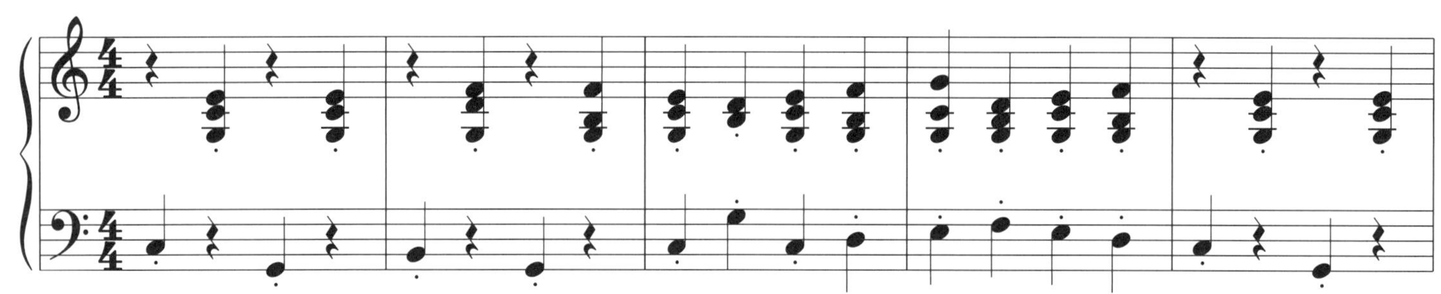

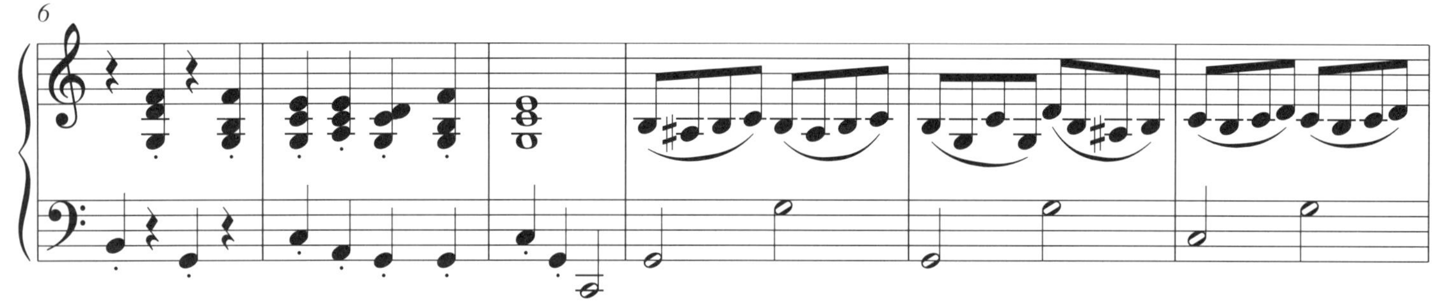

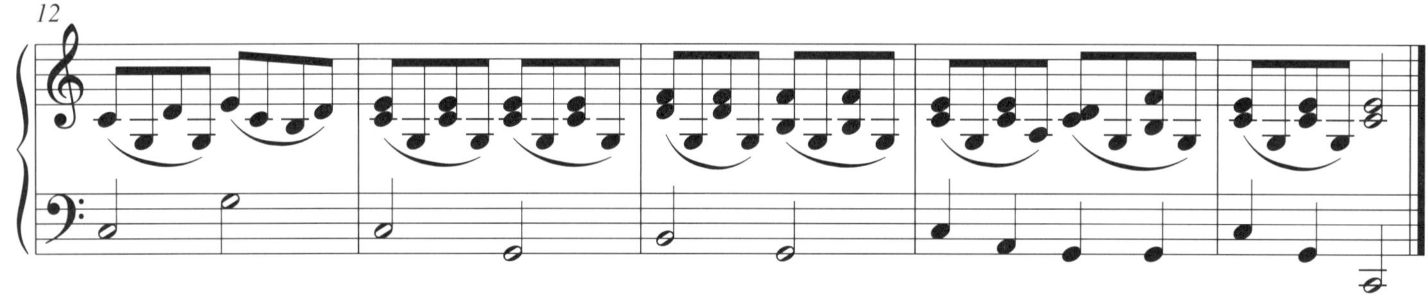

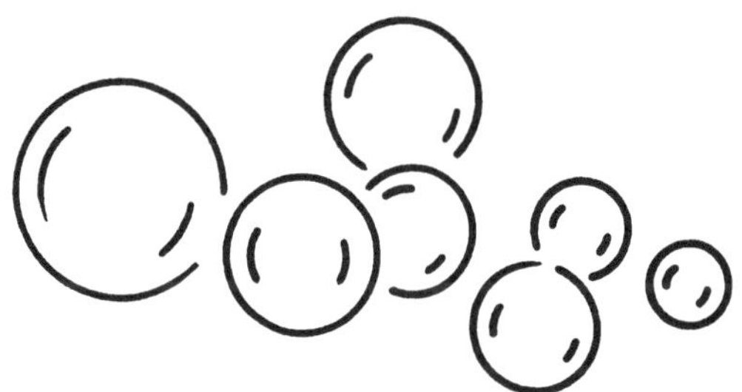

Hänschen klein

Primo

Volksweise

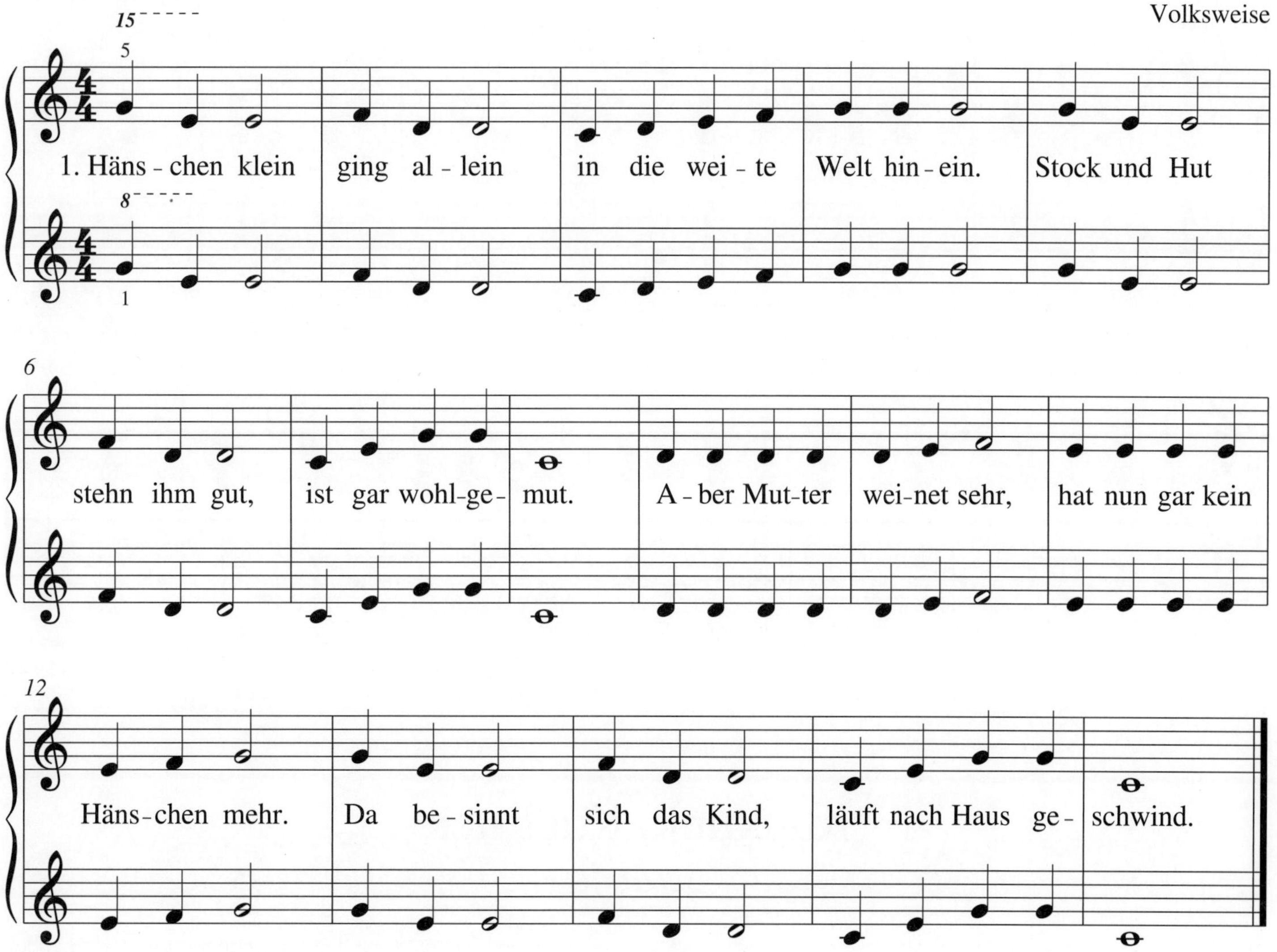

1. Häns - chen klein | ging al - lein | in die wei - te | Welt hin - ein. | Stock und Hut

stehn ihm gut, | ist gar wohl-ge- | mut. | A - ber Mut-ter | wei-net sehr, | hat nun gar kein

Häns-chen mehr. | Da be - sinnt | sich das Kind, | läuft nach Haus ge - | schwind.

2. Sieben Jahr, trüb und klar,
Hänschen in der Fremde war;
da besinnt sich das Kind,
eilet heim geschwind.
Doch nun ist's kein Hänschen mehr,
nein, ein großer Hans ist er,
braun gebrannt Stirn und Hand.
Wird er wohl erkannt?

3. Eins, zwei, drei gehn vorbei,
wissen nicht, wer das wohl sei.
Schwester spricht: „Welch Gesicht",
kennt den Bruder nicht.
Kommt daher die Mutter sein,
schaut ihm kaum ins Aug hinein,
spricht sie schon: „Hans, mein Sohn,
grüß dich Gott, mein Sohn!"

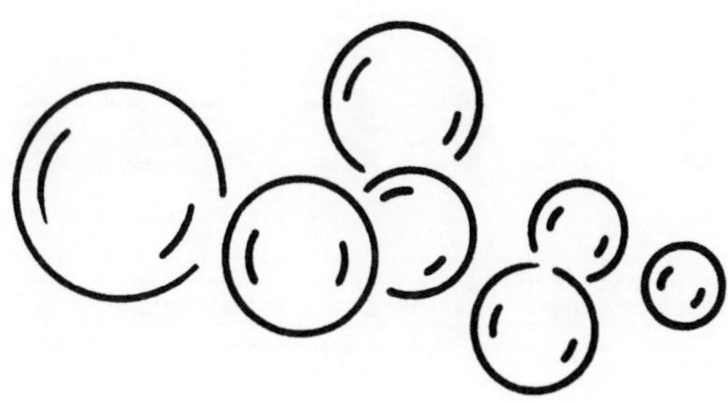

Hopp, hopp, hopp, Pferdchen, lauf Galopp!

Secondo

Text: Carl Hahn
Melodie: Carl Gottlieb Hering

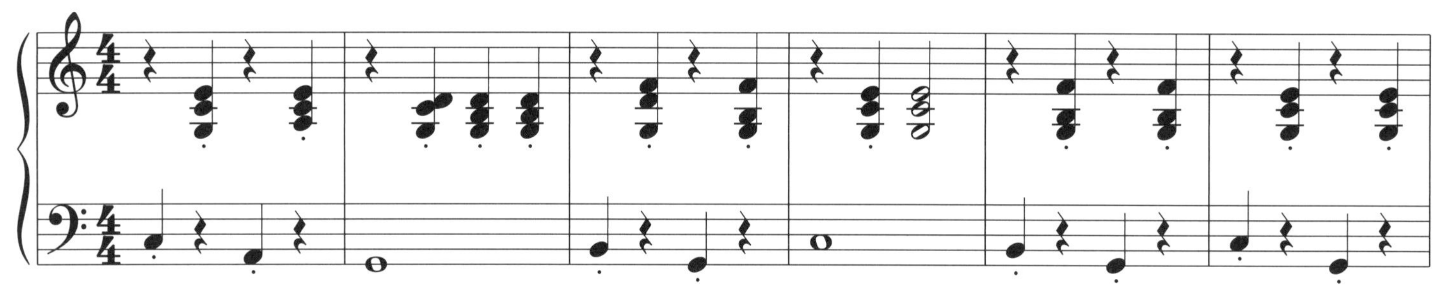

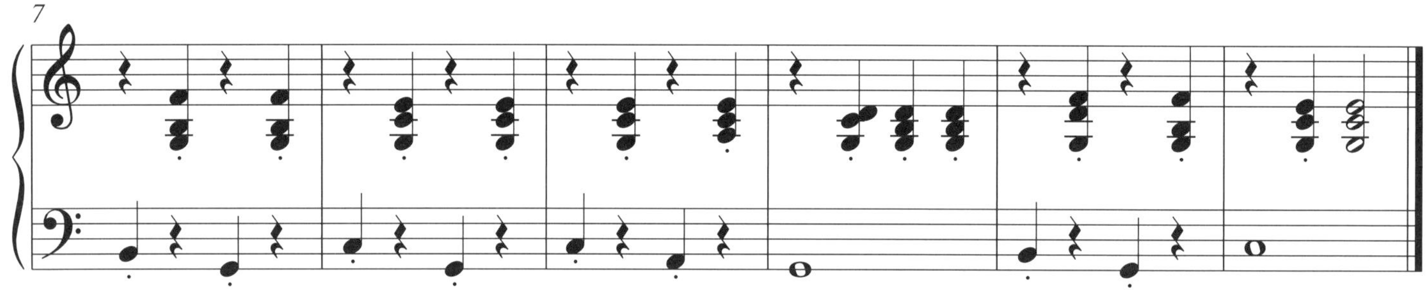

Kuckuck, Kuckuck

Secondo

Text: Hoffmann von Fallersleben

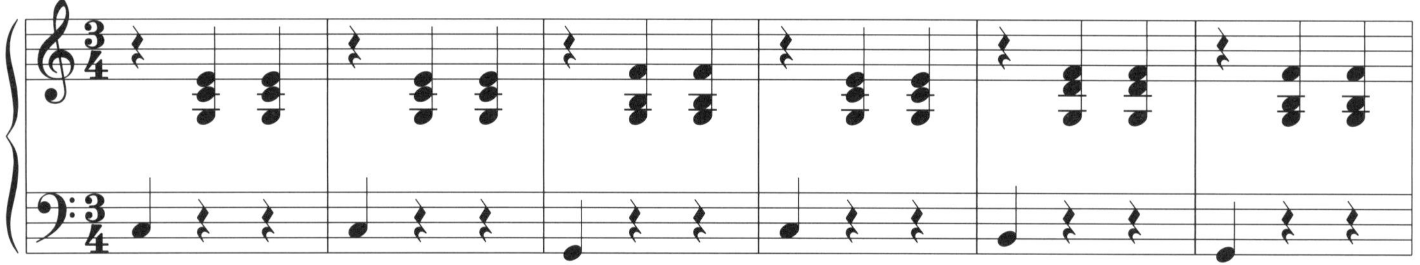

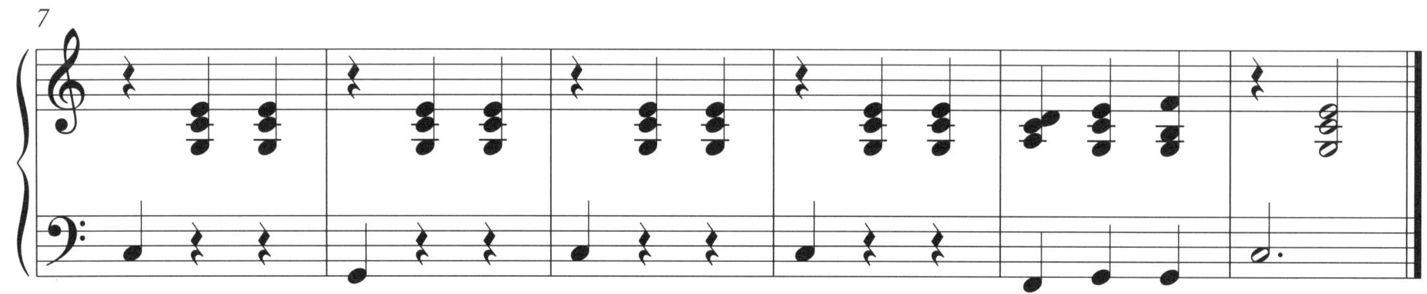

Hopp, hopp, hopp, Pferdchen, lauf Galopp!

Primo

Text: Carl Hahn
Melodie: Carl Gottlieb Hering

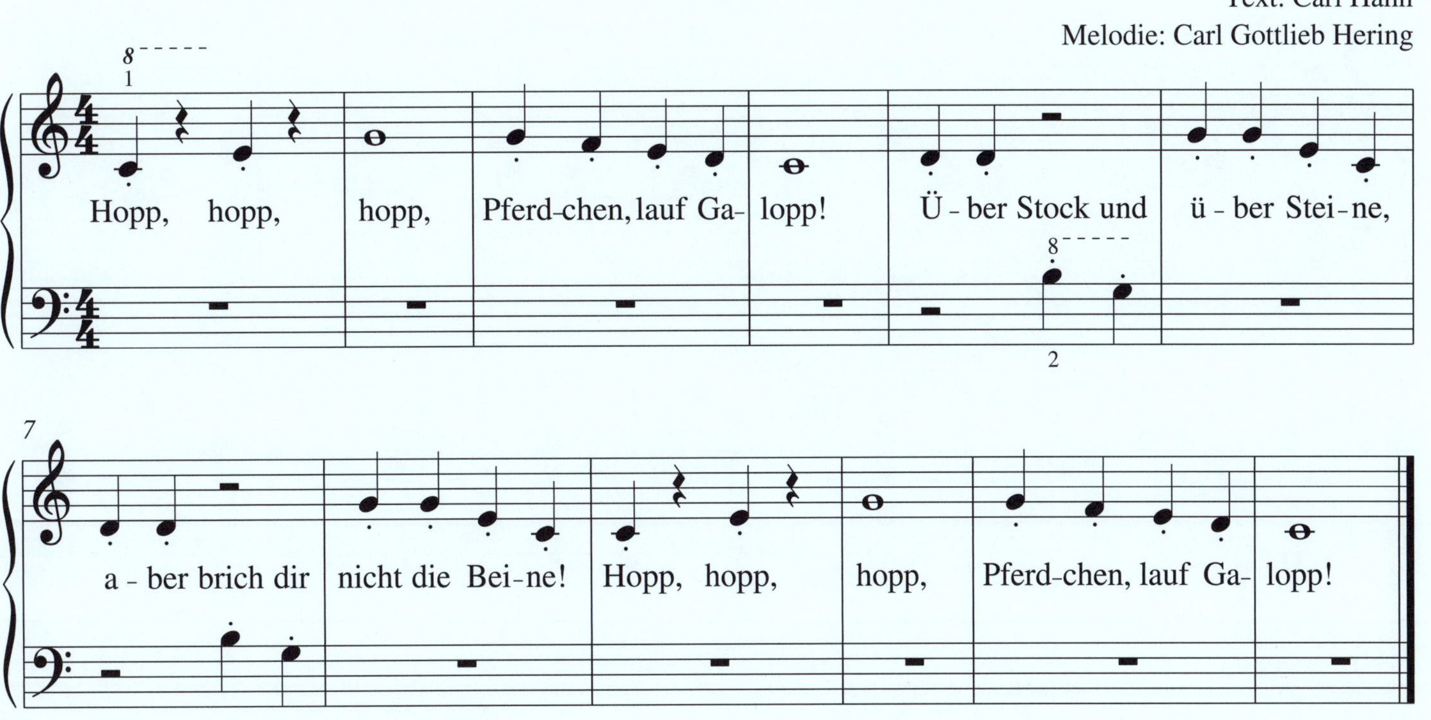

Kuckuck, Kuckuck

Primo

Text: Hoffmann von Fallersleben

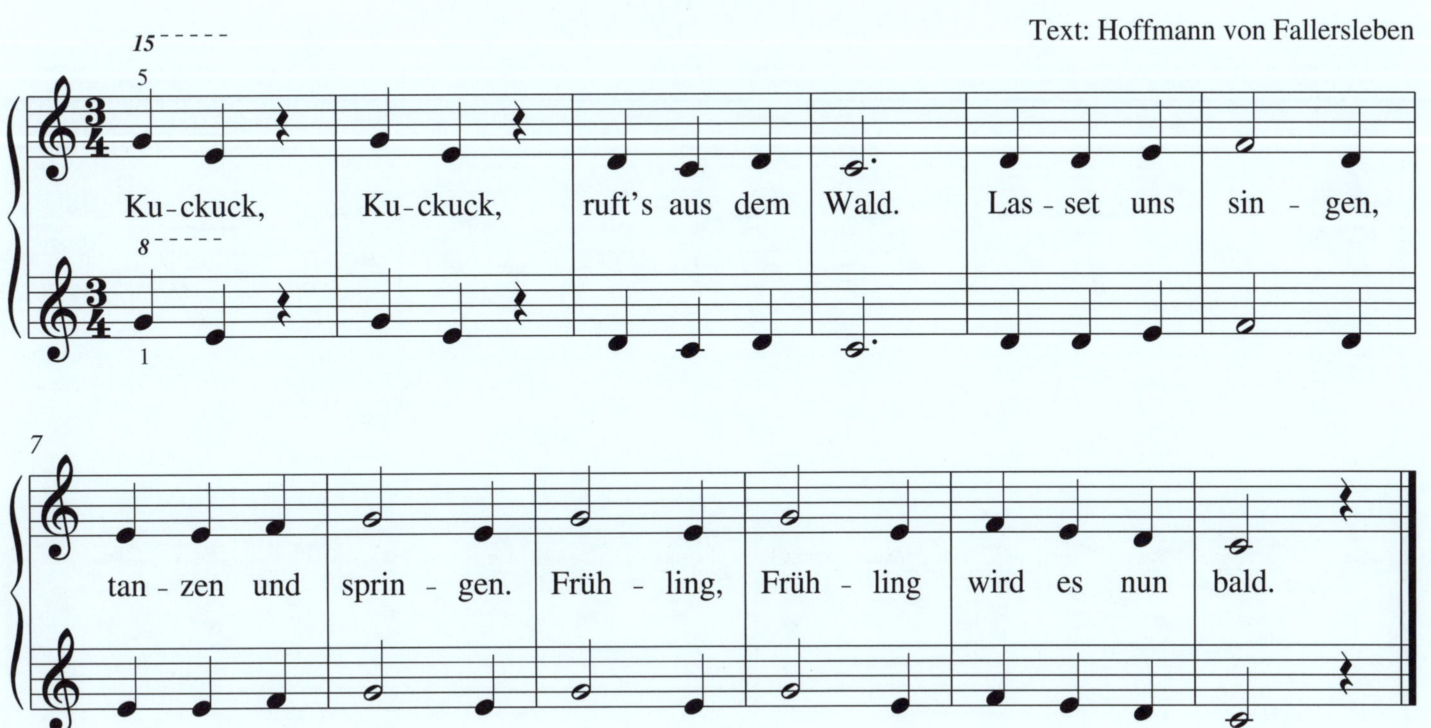

Häschen in der Grube

Secondo

Melodie: Karl Enslin
Text: Friedrich Fröbel

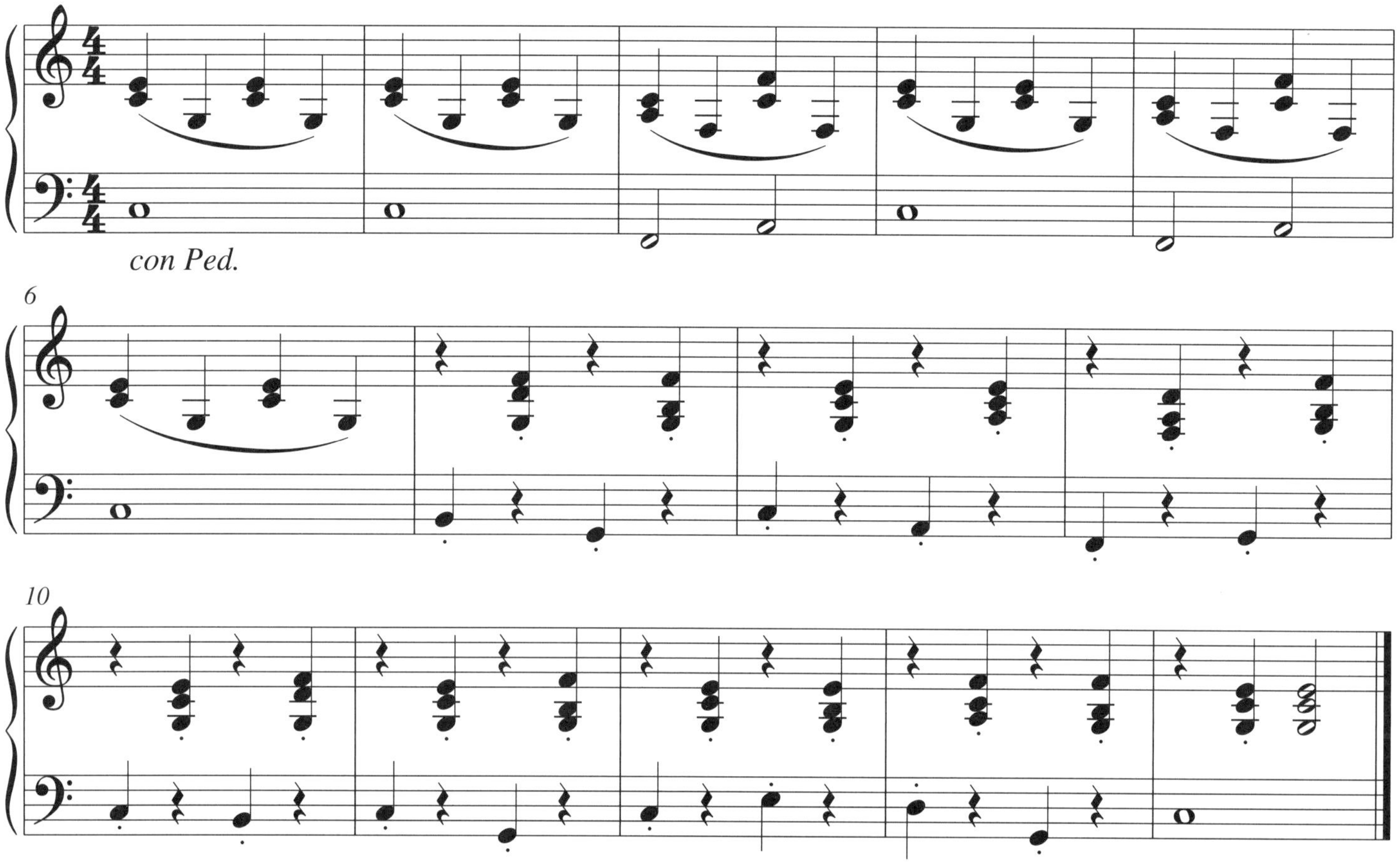

con Ped.

Kommt ein Vogel geflogen

Secondo

Melodie: Wenzel Müller
Text: Adolf Bäuerle

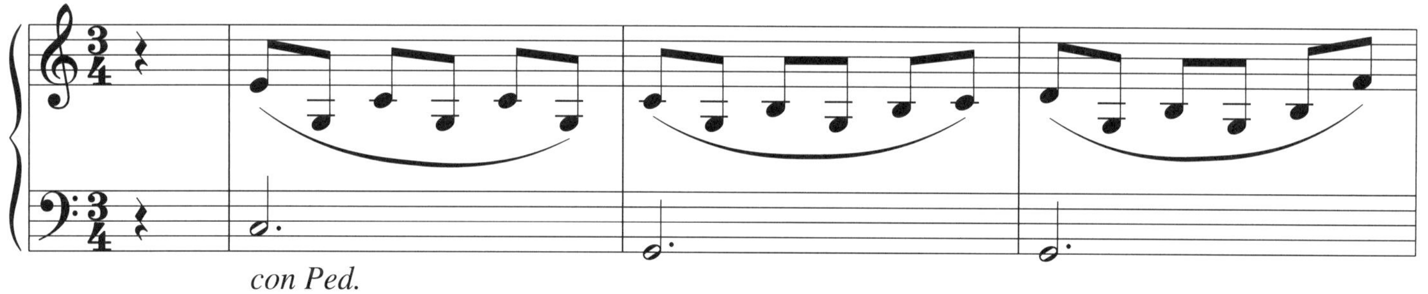

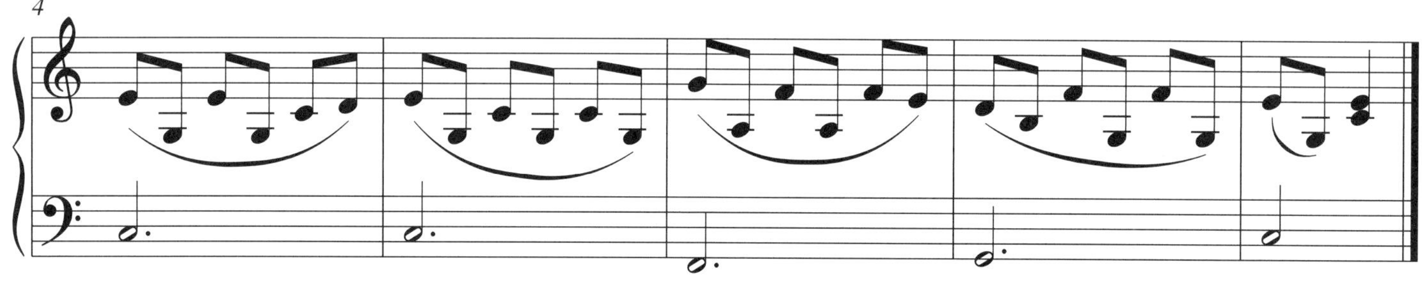

Häschen in der Grube

Primo

Melodie: Karl Enslin
Text: Friedrich Fröbel

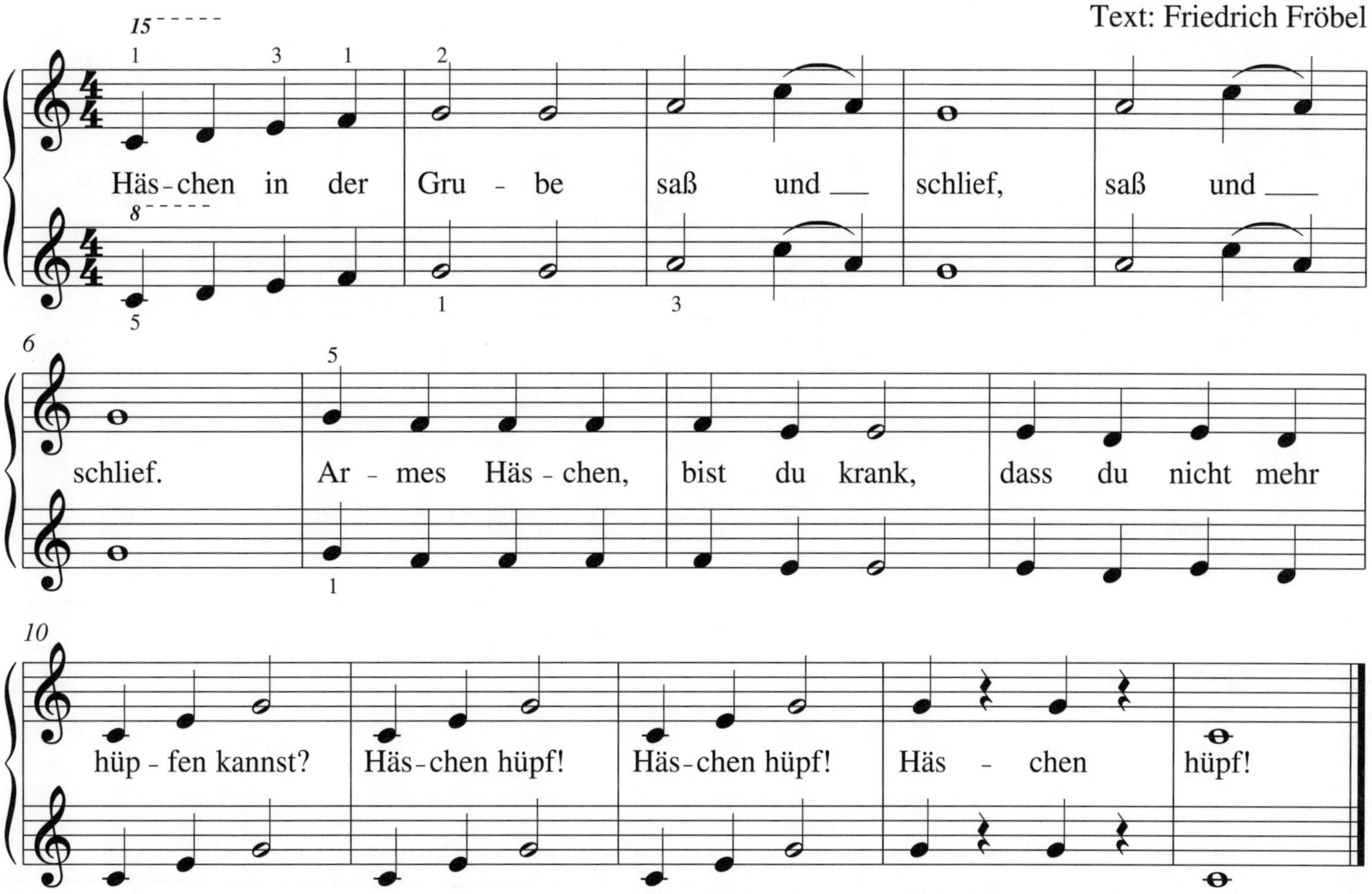

15 - - - - -

Häs - chen in der Gru - be saß und ___ schlief, saß und ___

6

schlief. Ar - mes Häs - chen, bist du krank, dass du nicht mehr

10

hüp - fen kannst? Häs - chen hüpf! Häs - chen hüpf! Häs - chen hüpf!

Kommt ein Vogel geflogen

Primo

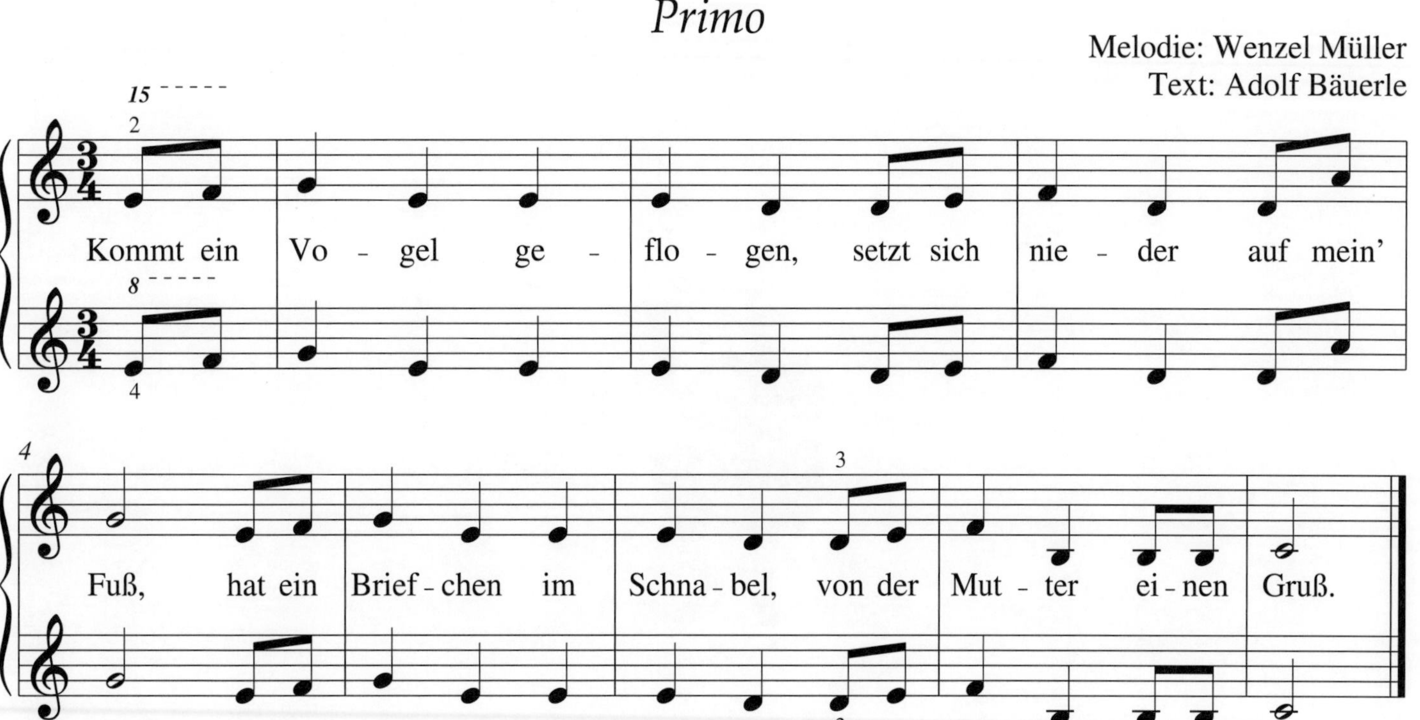

Hänsel und Gretel

Secondo

aus dem 19. Jahrhundert

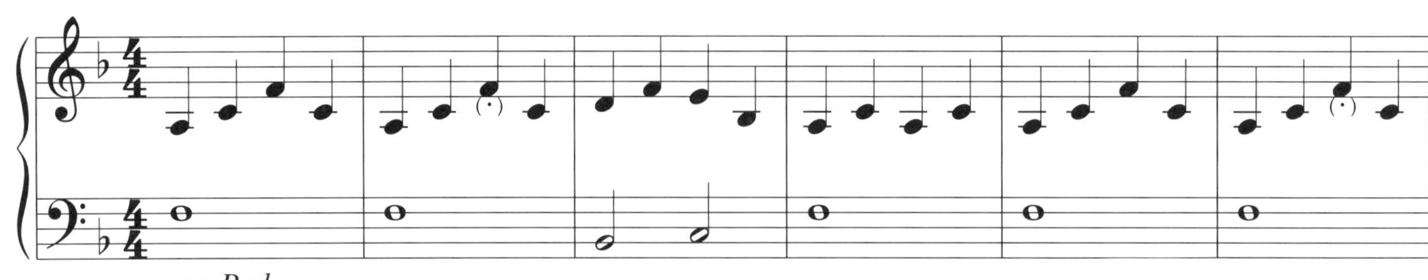

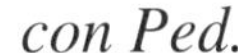

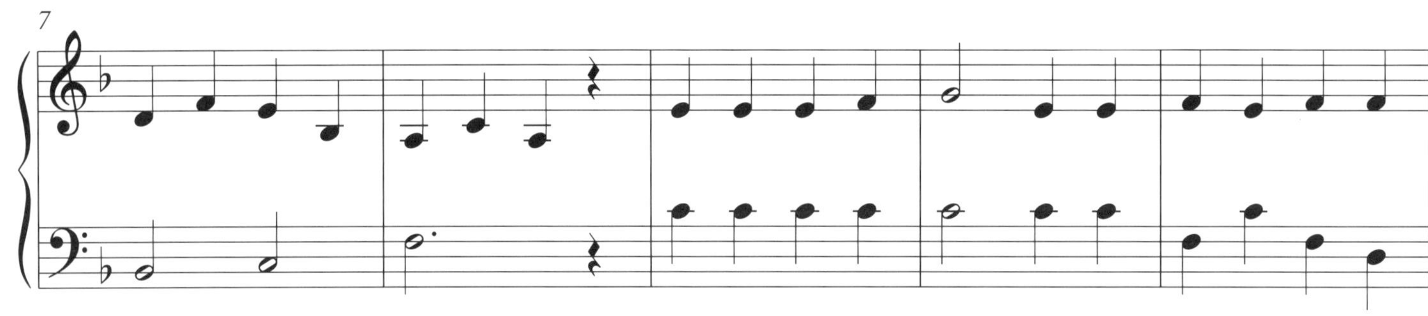

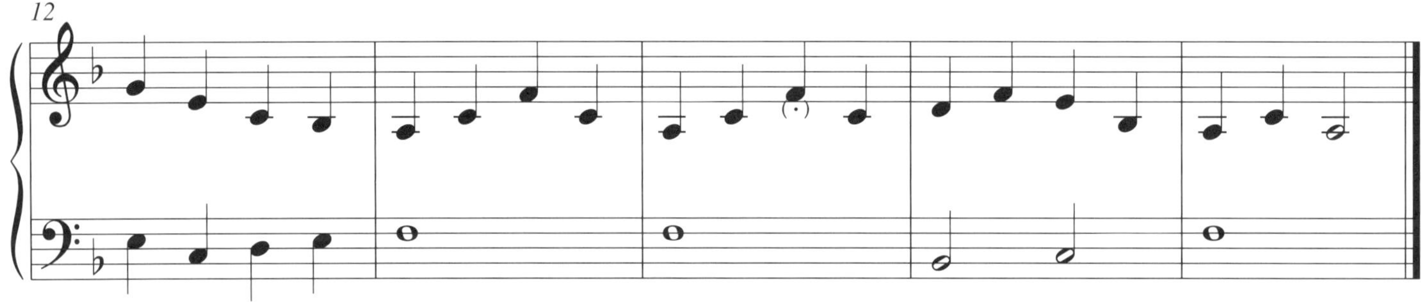

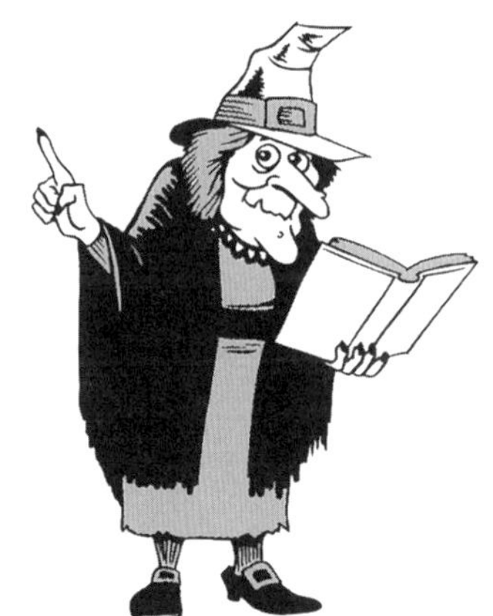

Hänsel und Gretel

Primo

aus dem 19. Jahrhundert

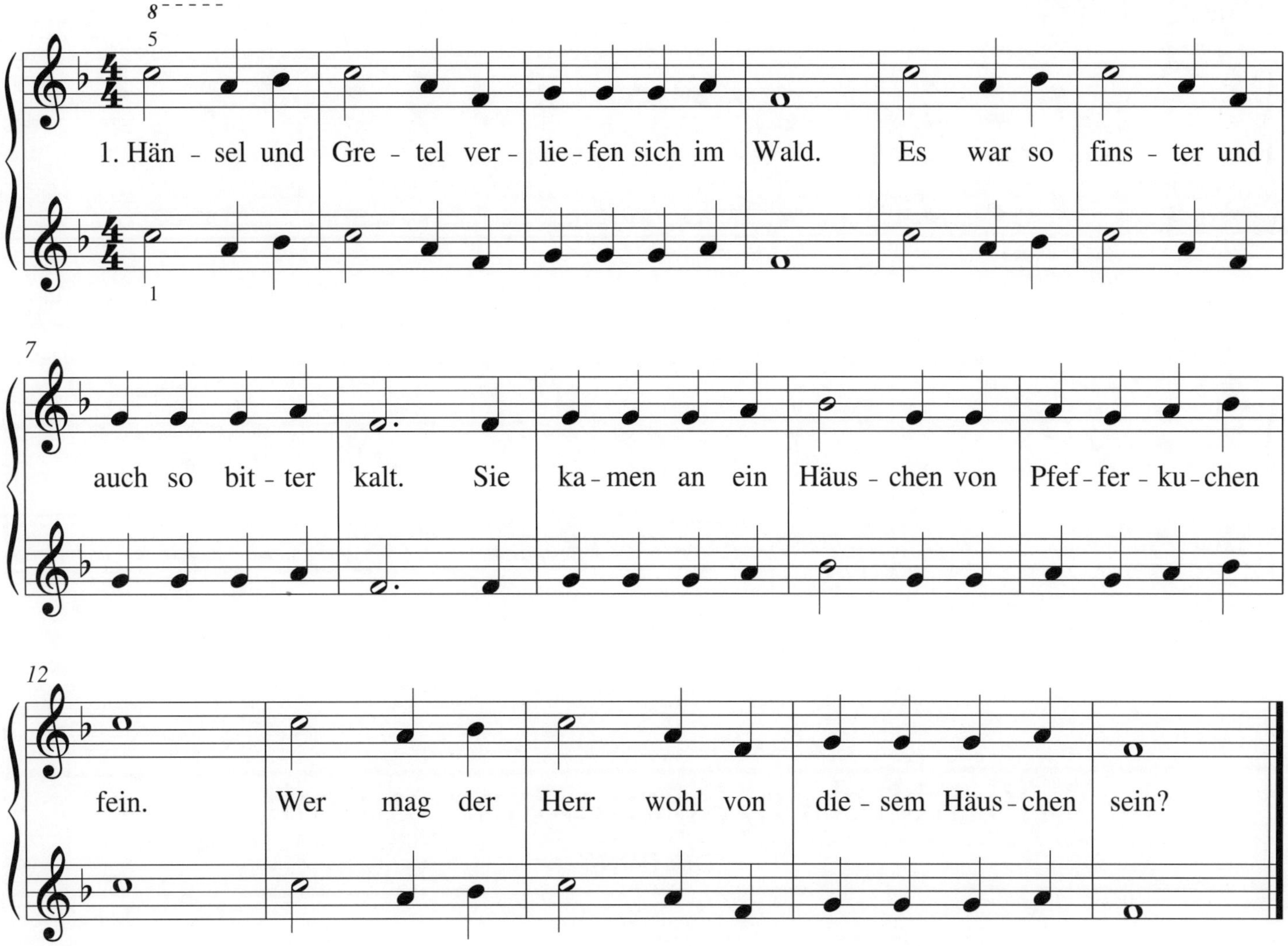

2. Hu, hu, da schaut
eine alte Hexe raus,
lockte die Kinder
ins Pfefferkuchenhaus.
Sie stellte sich gar freundlich.
O Hänsel, welche Not!
Sie will dich braten
im Ofen braun wie Brot.

3. Als nun die Hexe
zum Ofen schaut hinein,
wird sie gestoßen
von unsrem Gretelein.
Die Hexe, die muss braten,
die Kinder gehn nach Haus.
Nun ist das Märchen
von Hans und Gretel aus.

Taler, Taler, du musst wandern

Secondo

Volksweise

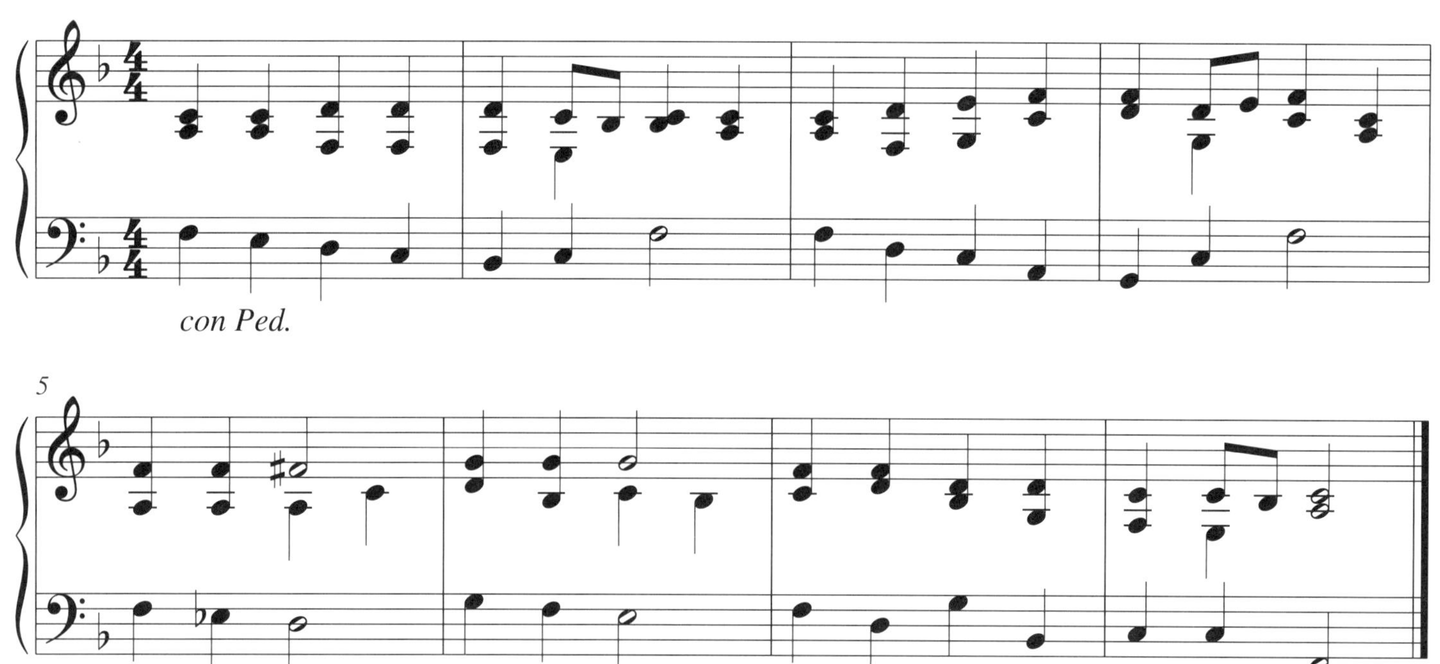

Brüderchen, komm, tanz mit mir

Secondo

Text: Adelheid Wette

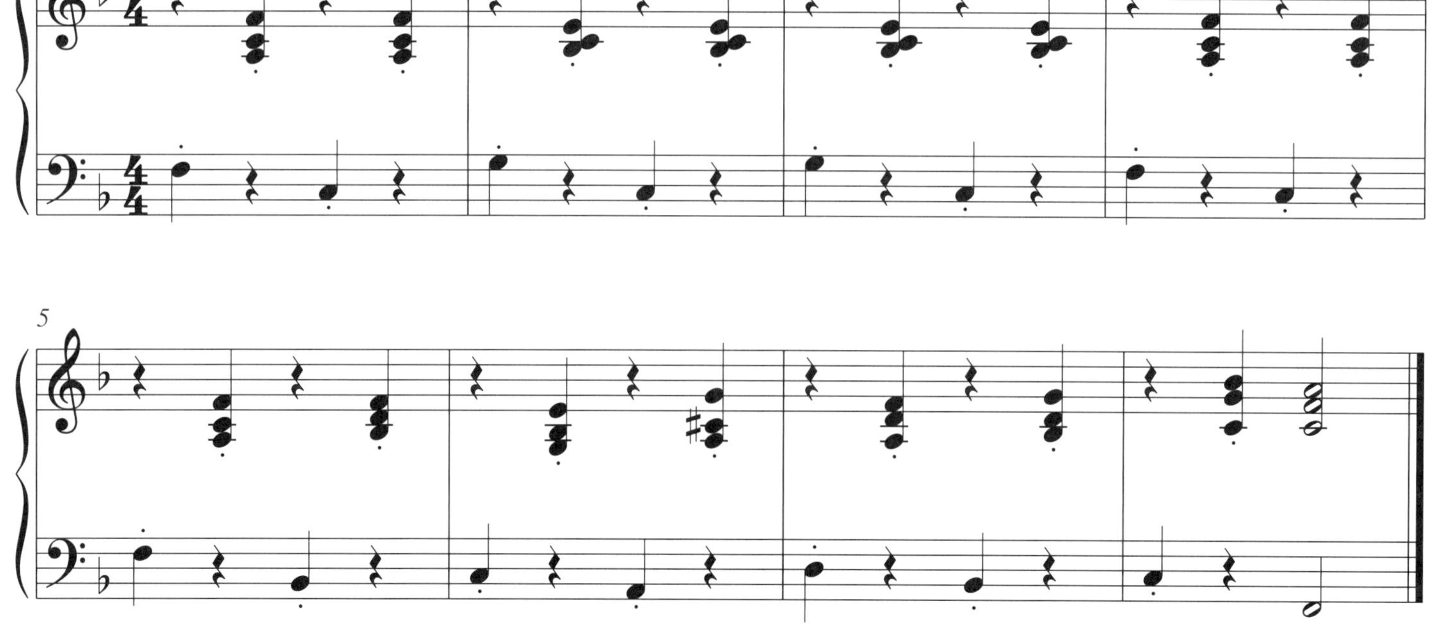

Taler, Taler, du musst wandern

Primo

Volksweise

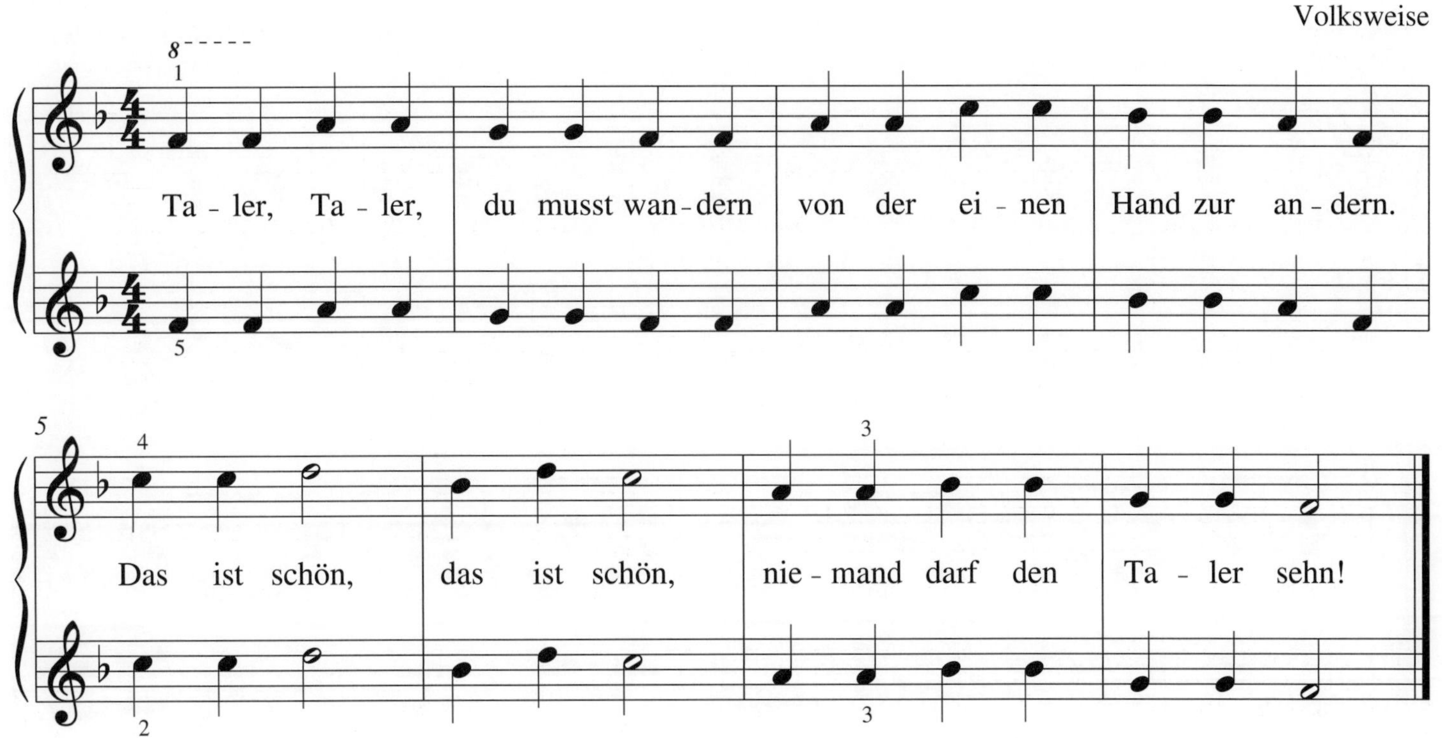

Brüderchen, komm, tanz mit mir

Primo

Text: Adelheid Wette

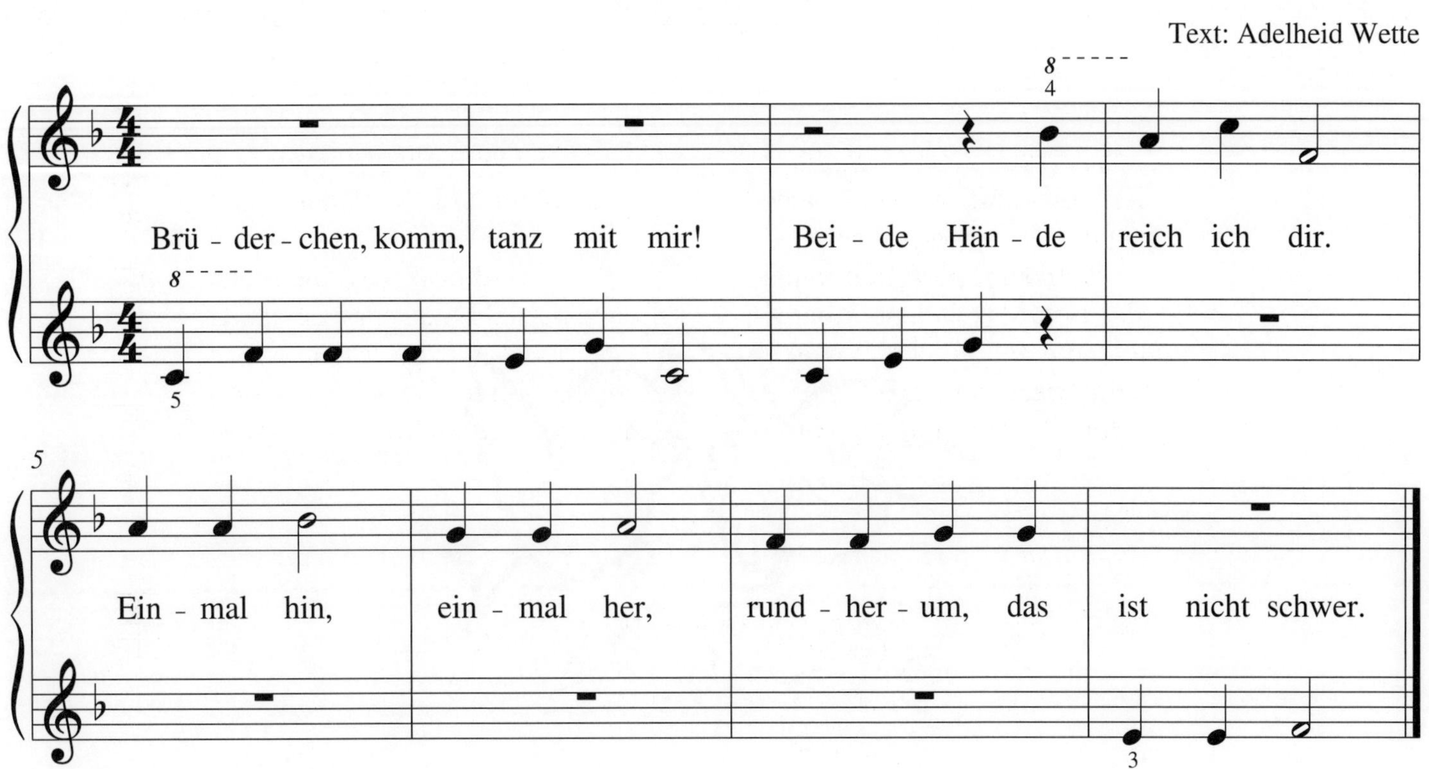

Alle Vögel sind schon da

Secondo

Text: Hoffmann von Fallersleben

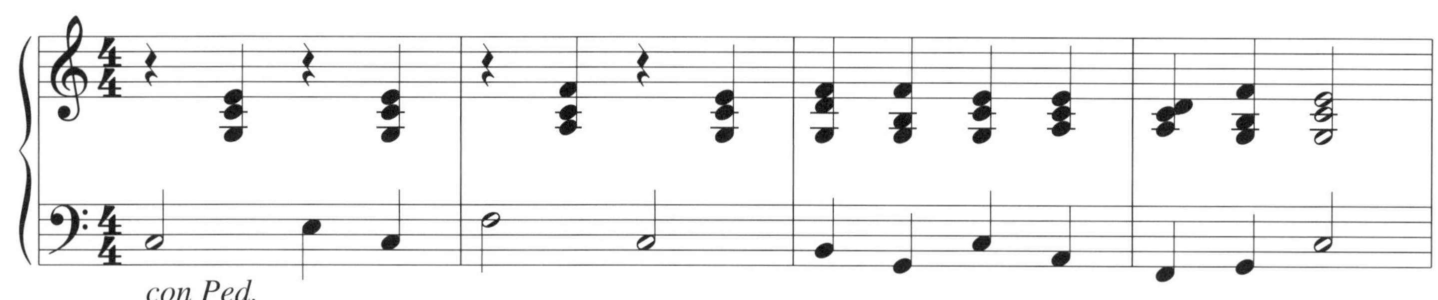

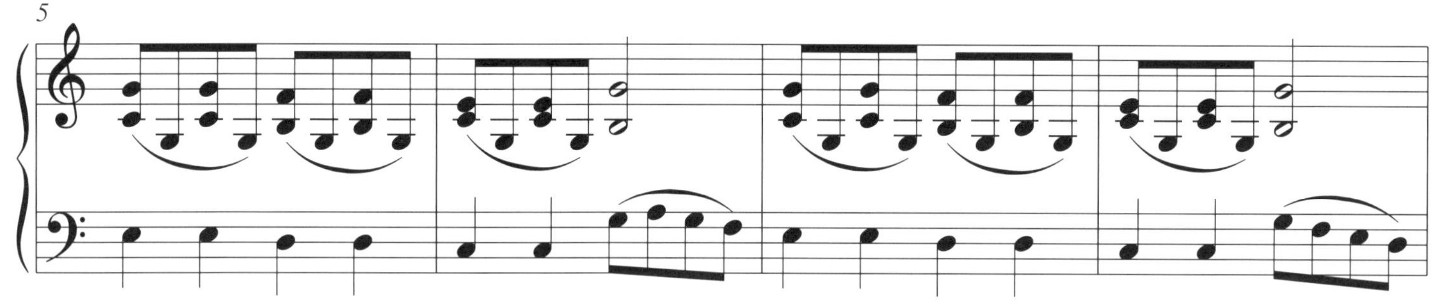

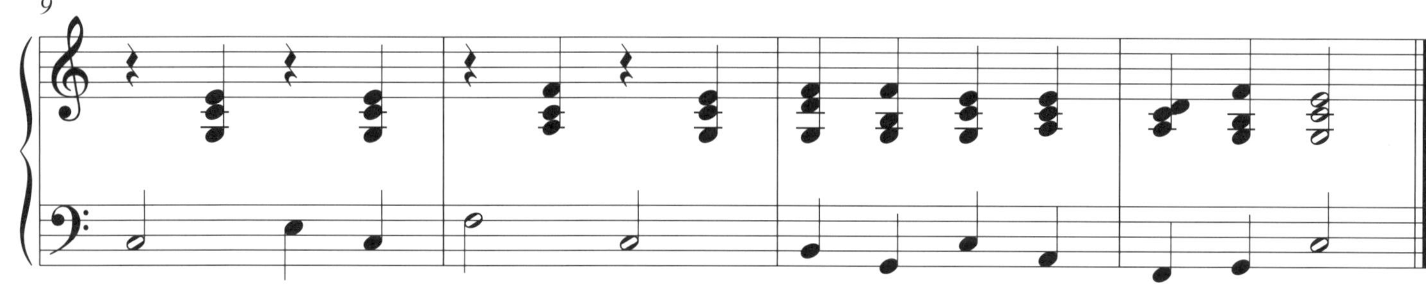

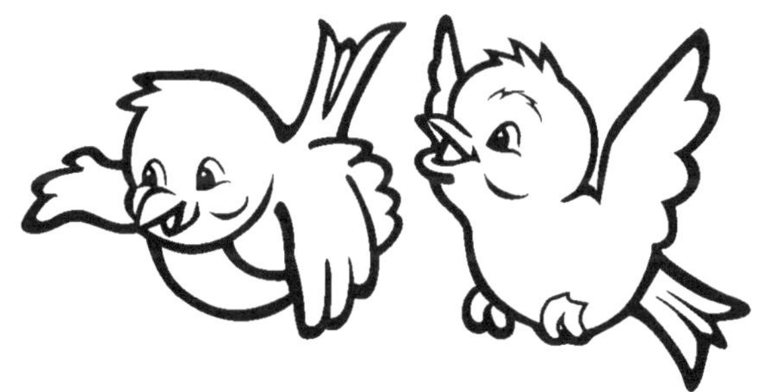

Alle Vögel sind schon da

Primo

Text: Hoffmann von Fallersleben

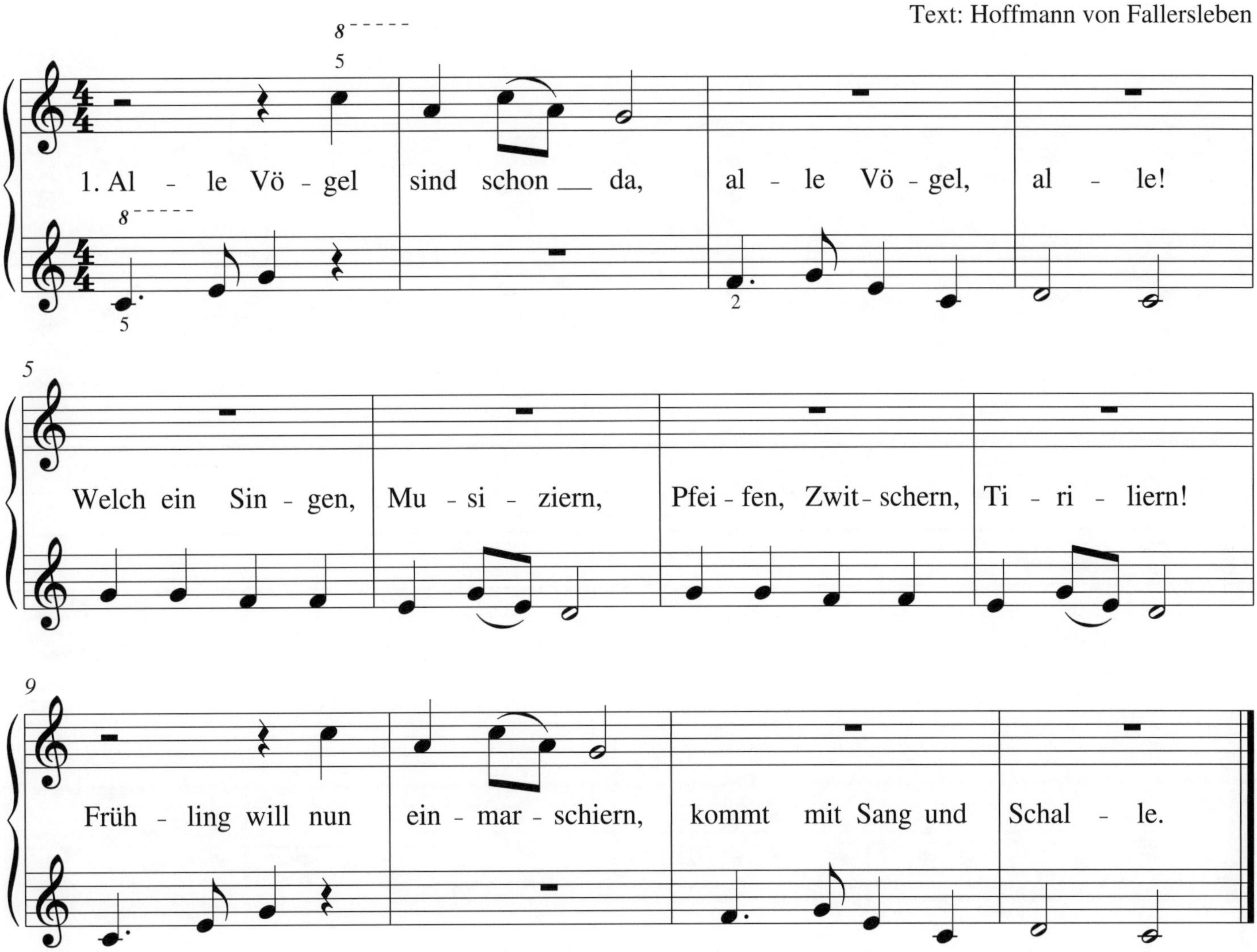

1. Al - le Vö - gel sind schon __ da, al - le Vö - gel, al - le!
Welch ein Sin - gen, Mu - si - ziern, Pfei - fen, Zwit - schern, Ti - ri - liern!
Früh - ling will nun ein - mar - schiern, kommt mit Sang und Schal - le.

2. Wie sie alle lustig sind,
flink und froh sich regen!
Amsel, Drossel, Fink und Star
und die ganze Vogelschar
wünschen uns ein frohes Jahr,
lauter Heil und Segen.

3. Was sie uns verkünden nun,
nehmen wir zu Herzen:
Wir auch wollen lustig sein,
lustig wie die Vögelein,
hier und dort, feldaus, feldein,
singen, springen, scherzen.

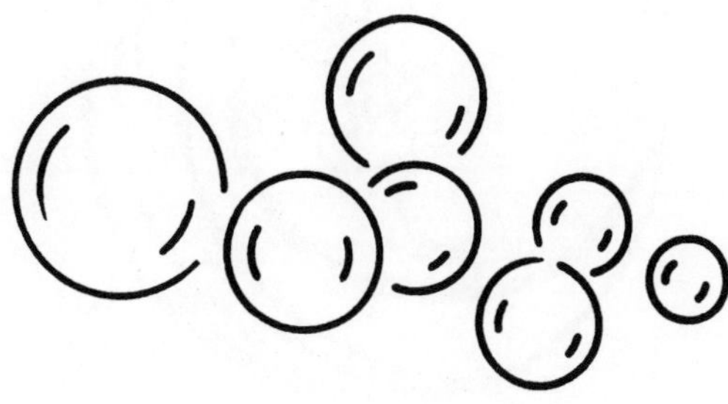

Der Mond ist aufgegangen

Secondo

Melodie: J. A. Peter Schulz (1747–1800)
Text: Matthias Claudius (1740–1815)

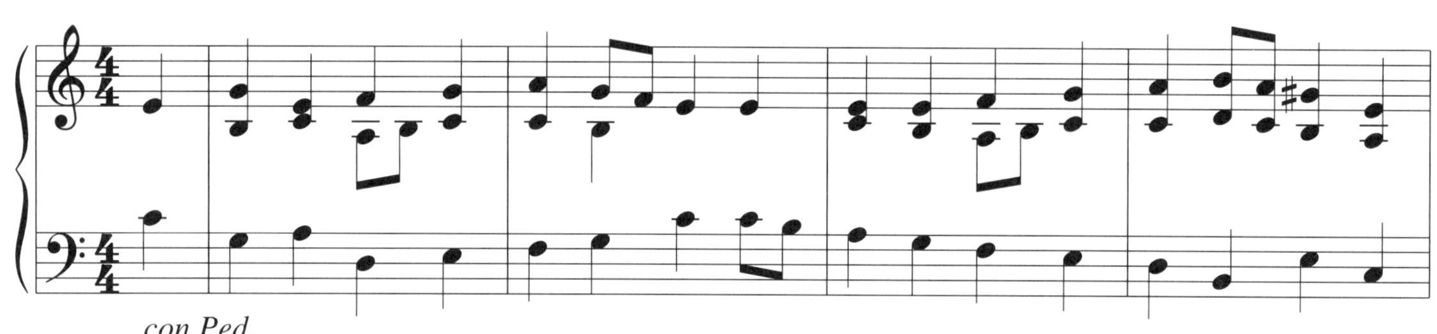

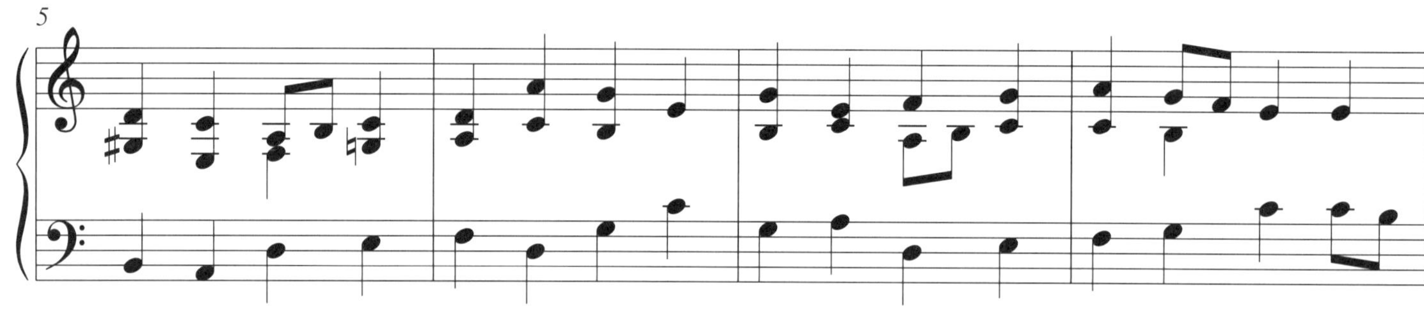

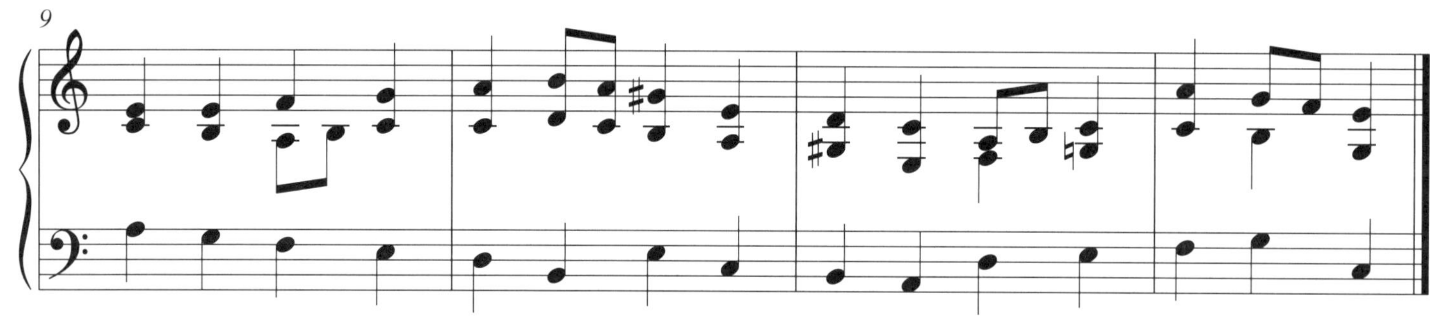

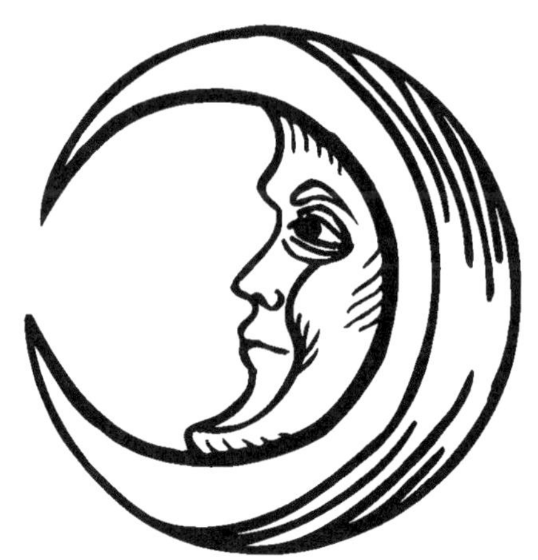

Der Mond ist aufgegangen

Primo

Melodie: J. A. Peter Schulz (1747–1800)
Text: Matthias Claudius (1740–1815)

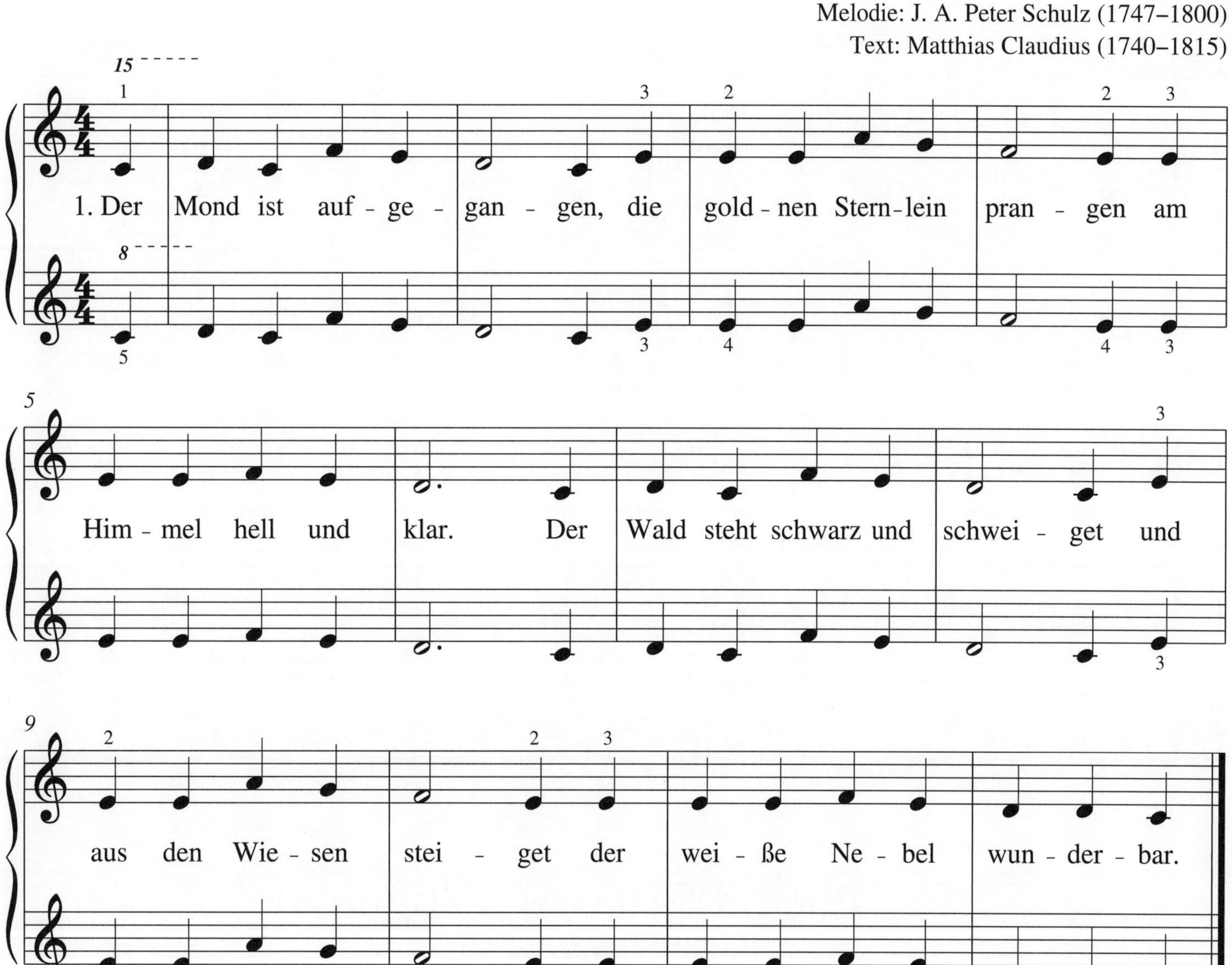

2. Wie ist die Welt so stille
und in der Dämmrung Hülle
so traulich und so hold
als eine stille Kammer,
wo ihr des Tages Jammer
verschlafen und vergessen sollt.

3. Seht ihr den Mond dort stehen?
Er ist nur halb zu sehen
und ist doch rund und schön.
So sind wohl manche Sachen,
die wir getrost belachen,
weil unsre Augen sie nicht sehn.

4. Wir stolzen Menschenkinder
sind eitel arme Sünder
und wissen gar nicht viel.
Wir spinnen Luftgespinste
und suchen viele Künste
und kommen weiter von dem Ziel.

Auf der Mauer, auf der Lauer

Secondo

Volksweise

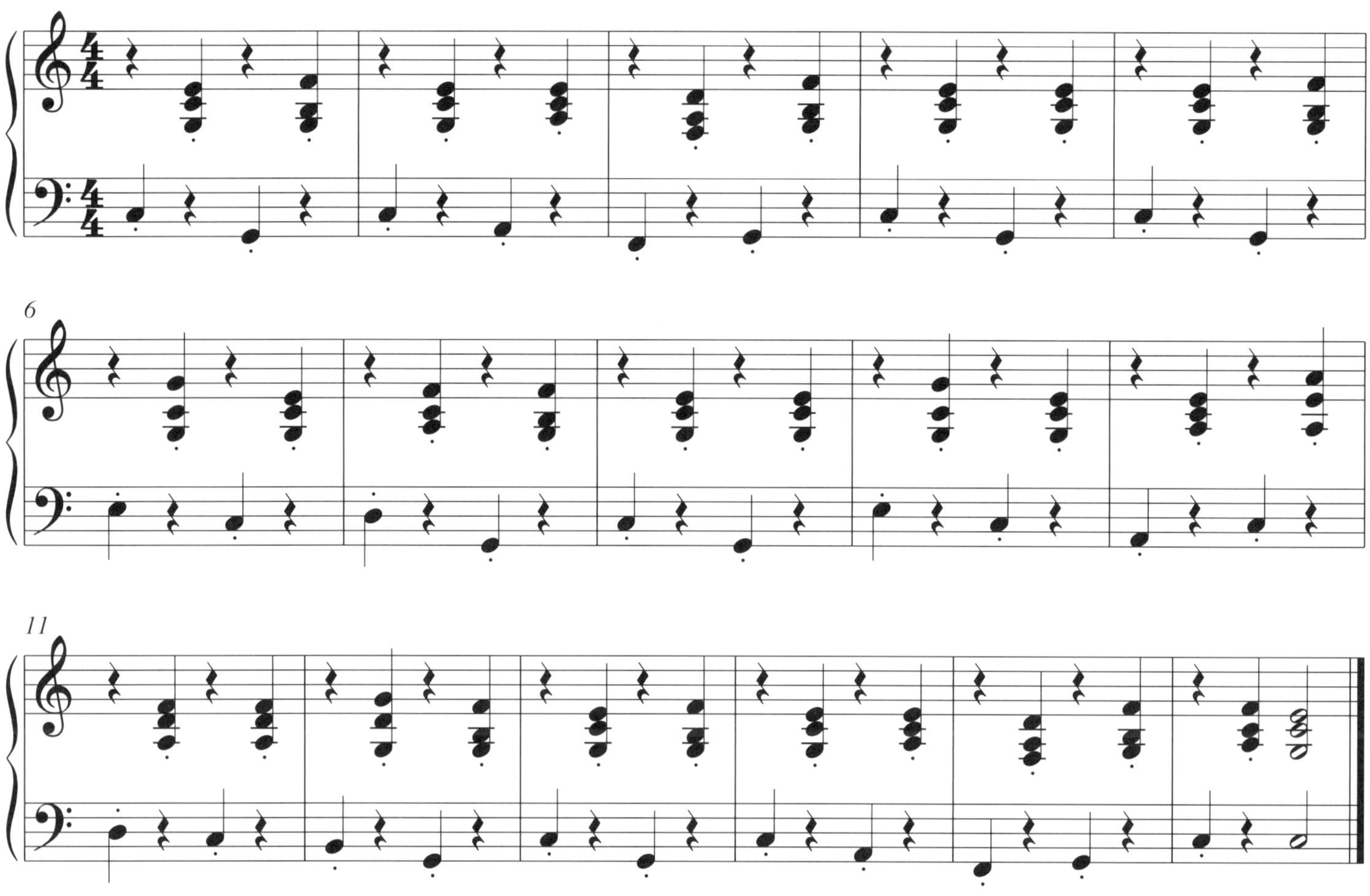

Es saß ein klein, wild Vögelein

Secondo

aus Siebenbürgen (1865)

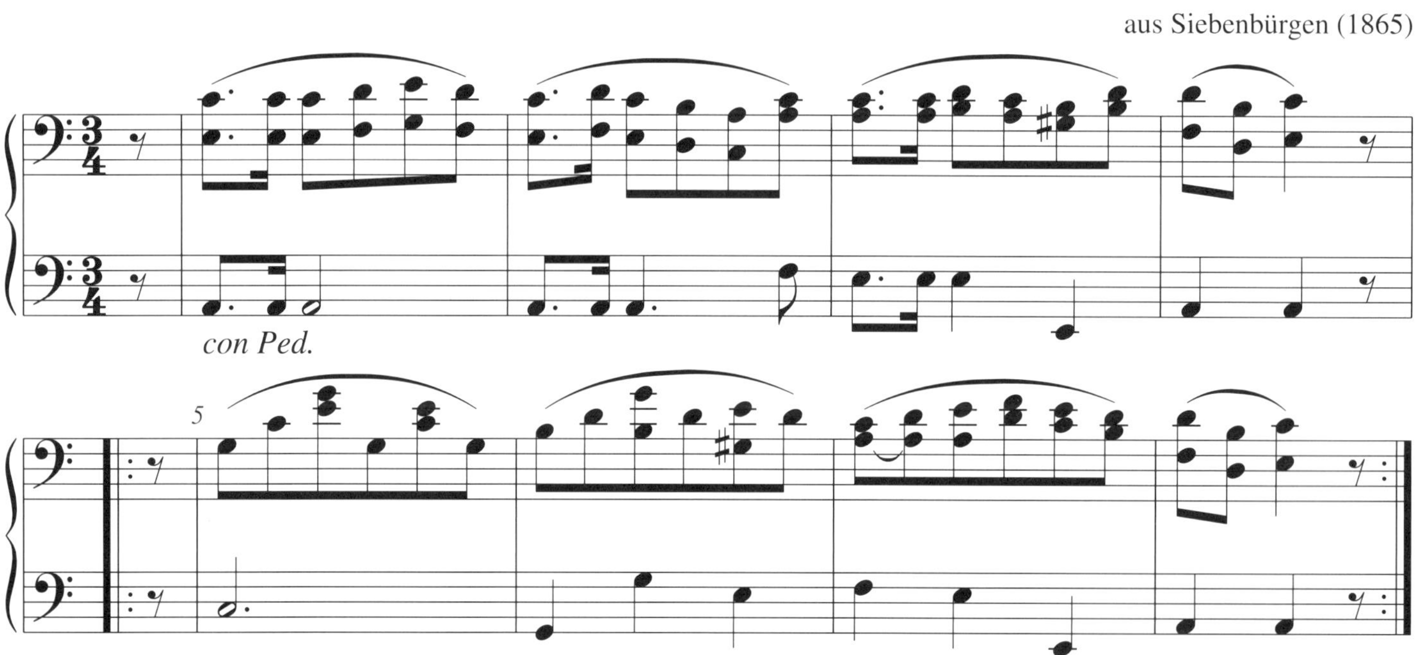

Auf der Mauer, auf der Lauer

Primo

Volksweise

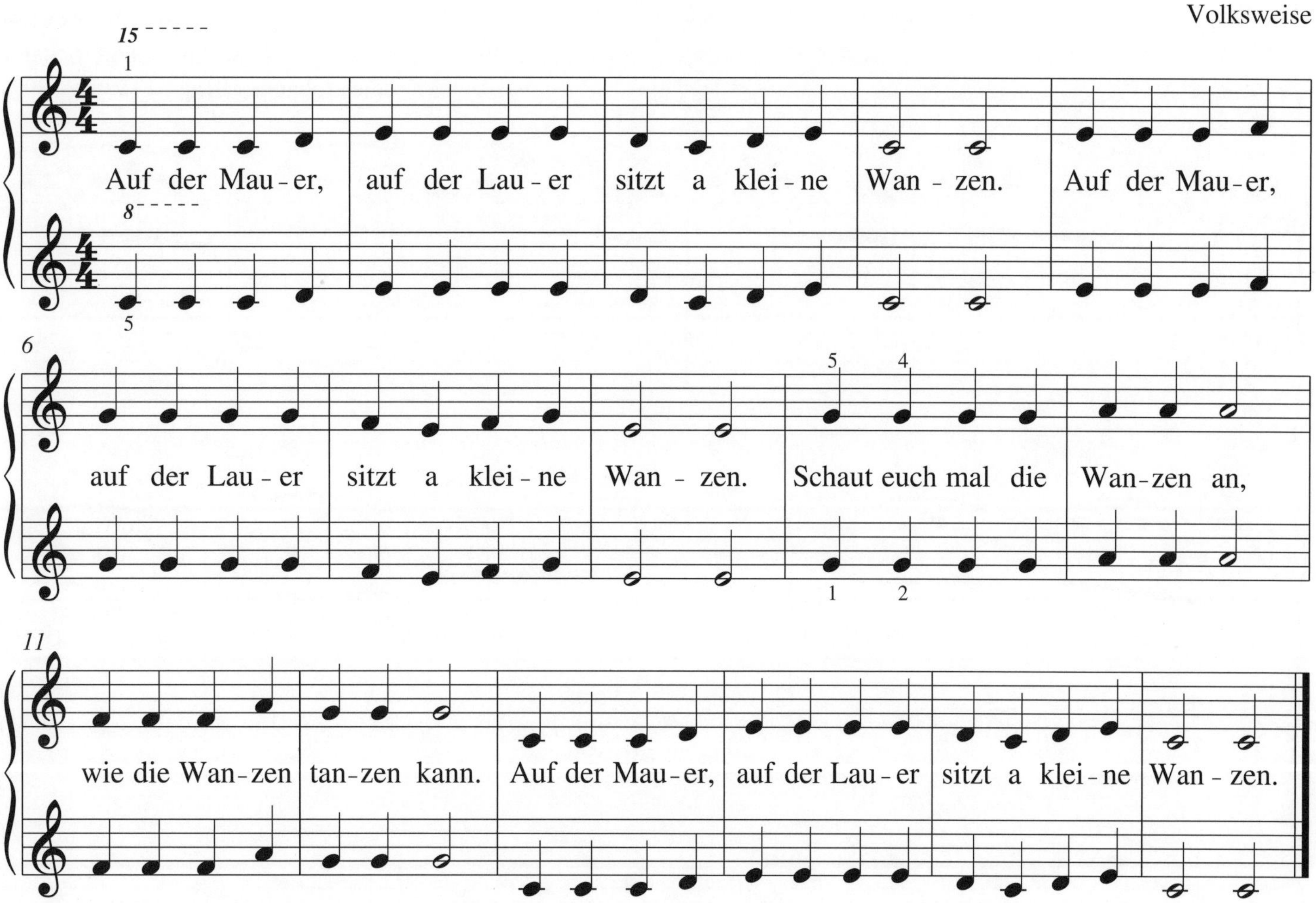

15 1

Auf der Mau - er, auf der Lau - er sitzt a klei - ne Wan - zen. Auf der Mau-er,

8 5

6

auf der Lau - er sitzt a klei - ne Wan - zen. Schaut euch mal die Wan-zen an,

11

wie die Wan-zen tan-zen kann. Auf der Mau-er, auf der Lau - er sitzt a klei - ne Wan - zen.

Es saß ein klein, wild Vögelein

Primo

aus Siebenbürgen (1865)

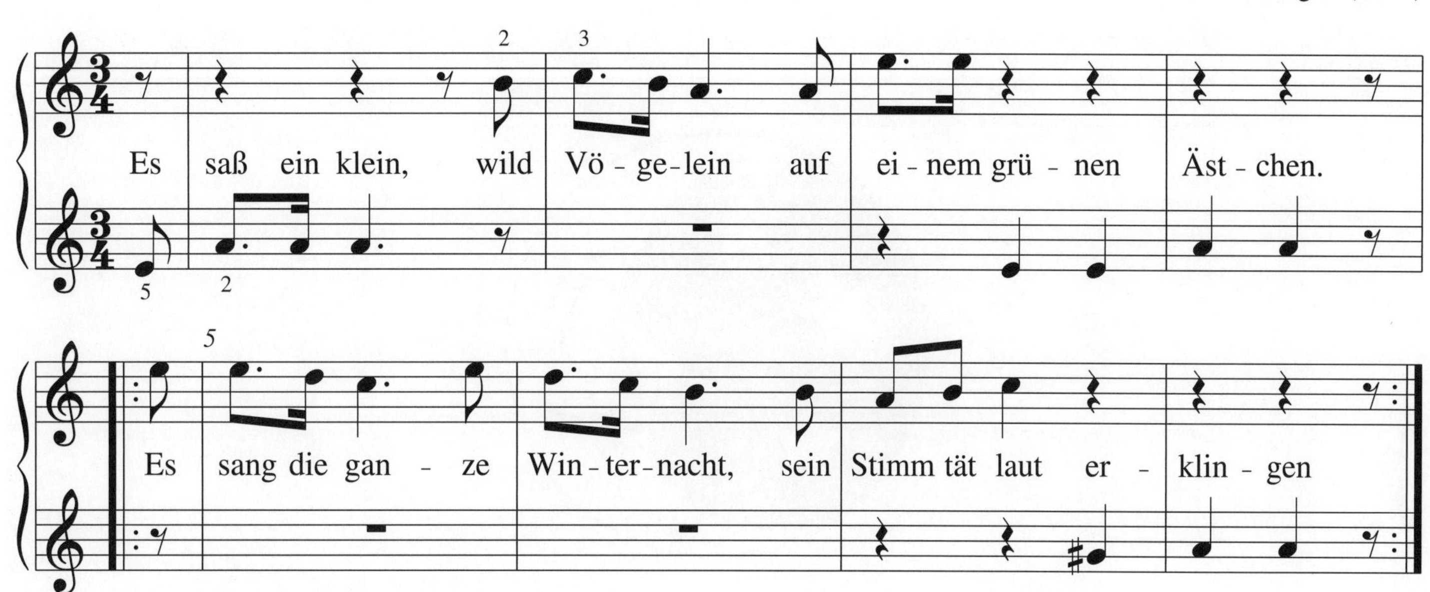

Guten Abend, gut' Nacht

Secondo

Text: 1. Strophe Volksweise
2. Strophe Georg Scherer
Melodie: Johannes Brahms (1833–1897)

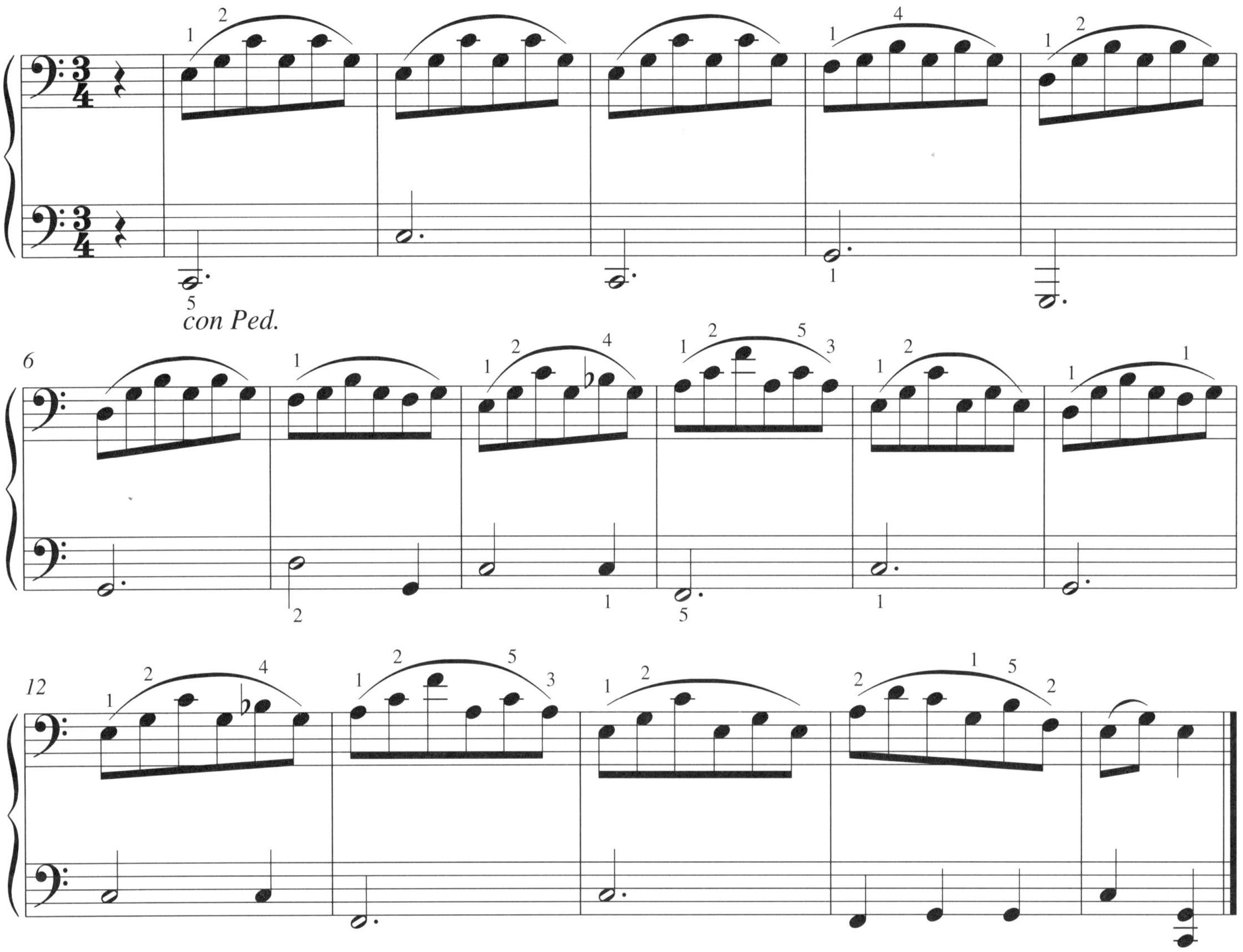

con Ped.

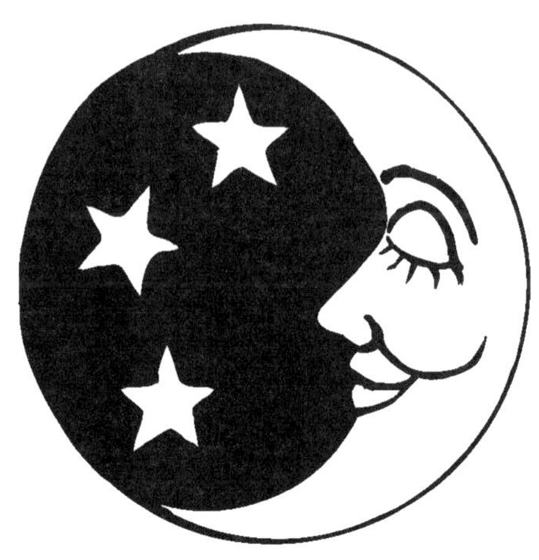

Guten Abend, gut' Nacht

Primo

Text: 1. Strophe Volksweise
2. Strophe Georg Scherer
Melodie: Johannes Brahms (1833–1897)

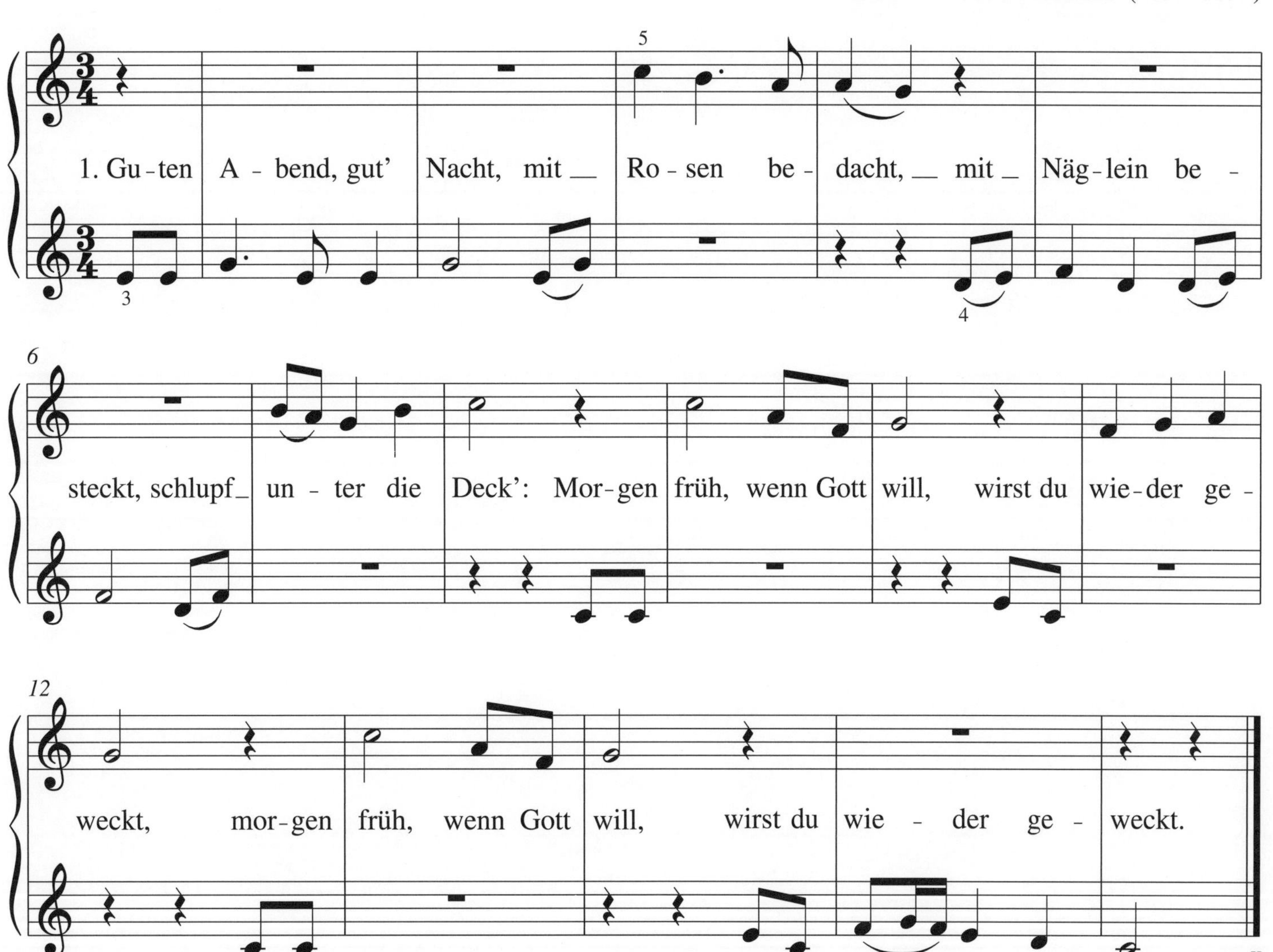

2. Guten Abend, gut' Nacht,
von Englein bewacht,
die zeigen im Traum
dir Christkindleins Baum.
Schlaf nun selig und süß,
schau im Traum 's Paradies,
schlaf nun selig und süß,
schau im Traum 's Paradies.